그때 거기, 지금 여기

그때 거기, 지금 여기

펴 낸 날/ 초판1쇄 2023년 6월 25일
지 은 이/ 오재승

펴 낸 곳/ 도서출판 기역
편   집/ 책마을해리
출판등록/ 2010년 8월 2일(제313-2010-236)
주   소/ 전북 고창군 해리면 월봉성산길 88 책마을해리
        경기도 파주시 회동길 363-8 출판도시
문   의/ (대표전화)070-4175-0914, (전송)070-4209-1709

ISBN 979-11-91199-69-7 03370

길눈이 밝은 책 서로배움

장학사, 실천 그리고 성장

그때 거기
지금 여기

오재승 지음

ㄱ

| 차례 |

혁신교육 12년 동안 함께한
혁신학교와 실천가들이 함께 써내려 온

2015년 봄날!
나의 고민을 누군가에게 털어놨다.

"내가 하고 있는 것이 맞는 것인지 확신할 수 없고 조심스럽고 불안하다. 나의 전문성에 대해서 끊임없이 의심이 들고 자신이 없을 때가 많다."

이런 나의 고민에 누군가 이렇게 말했다.

"기억은 기록을 이기지 못한다. 전문성은 기록하고 성찰하는 것으로부터 생겨난다고 생각한다. 너의 실천과 도전을 기록하라."

이후 틈날 때마다 나의 생각과 행위를 모두 기록하기 시작했다. 사람들을 만나면서 느낀 점, 떠오른 아이디어 등을 여기저기 손에 잡히는 대로 메모하고 기록했다. 어느 정도 메모가 쌓이면 글로 엮어서 저장했다. 이런저런 과정에서 쌓인 메모와 기록은 나의 장학사 생활에 큰 힘이 되었다. 머릿속에서 번득이며 지나가는 생각들은 활자화되어 문서가 되었고 이는 교사들의 성장으로 이어졌다.

얼마 지나지 않아 나를 따라다니는 수식어가 생겼다. '창의성과 아이디어가 뛰어난 장학사'라는 타이틀이었다. 살짝 웃음이 나왔다. 내가 가진 창의성과 번득이는 아이디어는 사람들과 나눈 이야기들을 메모하고 정리해서 필요한 아이디어를 조합한 것이 전부였다. 이런 기록의 습관은 어느새 '교육전문직'으로서 나의 전문성을 대변해주고 있었다.

도교육청으로 근무지를 옮긴 뒤, 지원청과는 비교할 수 없는 업무의 중압감이 나를 짓눌러왔다. 어떤 일이든 시작하기 전에는 수없이 많은 협의와 토론을 거쳐야 했다. 행정의 단위가 커짐에 따라 수반되는 민원과 외부의 견제에도 적응해야 했다. 법령에 근거한 논리, 철학에 기초한 논리를 기본으로 실천에 바탕을 둔 감화력도 가져야 했다. 그래서 생긴 버릇이 나와 우리 팀의 방향을 잘게 쪼개서 생각해보는 '분리사고'였다. 새로운 것을 시작할 때는 냉철한 질문을 스스로 던져보고 그에 대한 답을 찾아가는 것에서부터 시작했다.

모든 학교를 대상으로 컨설팅하던 지원청과는 달리 혁신학교를 중심으로 좀 더 깊게 들여다보면서 혁신학교가 가진 어려움과 실천가들의 아우성에 대해 고민하지 않을 수 없었다. 자신을 희생하고 몸을 던져가면서 아이들과 함께 만들어낸 실천이 근거 없는 프레임과 억측에 속절없이 무너져내리는 모습을 보았다. 그들의 모습을 기록으로 남겨야 한다는 생각이 들었다. 전북의 혁신정책이 현장으로 확산되는 과정과 그에 따른 긍정적, 부정적 요소들을 있는 그대로 기록했다.

기록이 쌓일수록 보다 근본적인 혁신과 변화를 생각하게 되었다. 본질을 건드리지 못하고 변죽만 울리는 정책은 지속적인 혁신을 가져오기 어렵다는 생각이 굳어져 갔다. 학교라는 공간이 그 목적에 충실하도록 지원하는 일, 아이들에게 선생님들을 온전히 돌려주는 일에 몰두하기 시작했다. 그 해답은 결국 교육과정에 있었고, 이는 초등교육과정 분야에서 돌파구를 찾아내는 결과로 이어져, 마침내 2022개정교육과정에 '학교자율시간'을 만들어내는 성과로 이어졌다.

현장과 소통하고 기록으로 남기려는 노력은 교육과정 정책의 변화로 귀결되었다. 2022 개정교육과정 '학교자율시간'은 오랫동안 교육과정 혁신을 실천하고 교사교육과정을 꿈꾸던 교사들의 실천을 제도화하려는 시도에서 비롯되었다. 각 시도교육청과 시도교육감협의회, 국가교육회의 등 다양한 주체들의 공동노력으로 만들어졌다. 그 과정에 전북교육청 소속 혁신학교와 전주교육대학교 연구진들의 노력이 크게 작용하였음은 누구도 부인할 수 없을 것이다.

이제 현장에서 변화된 정책을 착근시키는 노력이 필요한 시점이다. 교사들이 일상적으로 자기 교과목을 만들어내고 공식적·제도적으로 인정받을 수 있도록 전문성을 쌓아가는 노력을 지속해야 한다. 이런 노력 또한 교사들 각각의 기록에서 출발해야 한다. 기획의 단계부터 성찰에 이르기까지 자료를 모으고 생각을 정리해야 가능한 일이며, 이 과정에서 전문성을 발휘해야 한다.

장학사로서 직무를 수행하면서 업무매뉴얼과 사례에 충실한 사람, 법령과 규칙을 엄격하게 적용하는 것을 최우선으로 생각하고 그것이 전문성을 갖추는 일이라고 생각하는 사람들을 쉽게 만날 수 있었다. 나는 이 의견에 동의할 수 없었다. 문서에 적힌 대로 실행만 하는 것이 전문성의 전부일 수 없다고 생각했다. 내가 생각하는 전문성은 **'실현하기 어려워 보이는 일이라도 노력을 통해서 실현가능하도록 만드는 것'**이다.

전문성은 기록과 성찰에서 비롯된다. 교육전문직으로서 나는 전문성을 갖추기 위해 부단히 실천하고 기록하고 성찰하며 성장했다. 작은 성과에 취해 있을 때 죽비를 들어 나를 깨워준 이들도 학교와 교사들이었고, 감당할 수 없는 부담감에 흔들리던 나를 든든하게 붙잡아준 이들도 실천하는 교사들이었다. 2년 동안 함께했던 고창 선생님들, 4년 동안 마음을 함께해준 혁신학교 선생님들이 계셔서 성장할 수 있었음을 고백하며 감사 말씀을 드린다.

이 글에 모든 혁신학교의 사례가 들어있지는 않다. 장학사 개인으로서 가졌던 지극히 개인적인 실천과 성찰의 결과에 불과하다. 지금 이 시간에도 교육청의 많은 전문직원들이 국가시책을 분석하여 교육청 정책과 연결하며 학교와 교사들과 함께 구현할 수 있는 방안을 고민하고 있다. 아무리 좋은 국가의 시책과 교육청의 정책이라 할지라도 그것은 현장의 요구에서 출발해야 하며 교육운동으로 실천되어야 한다.

이 책은 혁신학교와 혁신정책의 기록물 중 하나이다. 혁신교육 12년 동안 함께한 혁신학교와 실천가들이 함께 써내려 온 책이라고 해도 무방하다. 혁신정책은 호수 위에 떠 있는 백조의 모습과 같았다. 겉으로 보기에 고고하고 흔들리지 않은 듯 보이지만, 수면 아래에서는 치열하게 발버둥을 쳐야 하는 힘겨운 일이었다.

그동안 혁신학교에서 묵묵히 헌신하신 선생님들께 조금이나마 위로가 되기를 바라는 마음과 함께, 현장의 선생님들과 함께 고민하면서 성장하려는 의지를 가진 교육자(교원, 교육전문직원, 교육행정직원)들과 교육전문직이 되기 위해 준비하는 선생님들에게 도움이 되기를 바란다.

나는 왜 혁신에 눈을 뜨게 되었는가?

학생시절 나는 주목받는 아이가 아니었다. 시골(농산어촌)에서 자란 사람들이 그러하듯 나 또한 기억조차 가늠하기 어려운 어린 시절부터 방과후에 봄, 여름, 가을에는 논과 밭으로 일을 하러 다녀야 했다. 가을이 되면 겨우내 연료로 사용할 나무를 하러 산에 오르내려려 했다. 농사짓는 것이 싫어서 도시에서 살고 싶은 마음이 간절했지만, 의지만큼 공부에는 두각을 나타내지 못했다. 군인이 되고 싶었지만 아이러니하게도 교육대학에 들어갔고, 교육대학을 군인이 되기 위한 수단으로 삼았다. 대학 졸업 후 학사장교로 6년 근무한 후 교직에 입문하였다.

대학 시절 교육학 공부 이외의 다른 경험을 좇던 나에게 아이들을 가르치는 일은 무척 힘들었다. 군 제대 후 처음으로 담임을 맡은 아이들은 2학년이었는데, 2학년 담임 6개월 동안이 군대 생활 6년보다 더 길게 느껴졌다. 교과서 지식을 가르치는 것이 교사의 역할이라고 생각하던 내게 초등 2학년 수준의 지식은 지식이라고 할 것도 없었다. 하지만 가르치는 내내 자괴감에 빠져서 지내야 했다. 점차 교육학 분야의 전문지식에 대한 갈증으로 '가르치는 것'을 공부해야겠다는 생각이 커졌다. 뭐든지 잘해야 한다는 강박 때문이었는지 내가 가르치는 아이들이 다른 교사들이 가르치는 옆 반 아이들보다 뭐든 더 잘하여야 했다. 내가 가르치는 제자들은 중간, 기말고사 시험 성적 또한 우수해야 한다는 의무감에 사로잡혀 있었다. 어쩌면 아이들을 나의 소유물로 생각하고 한풀이를 하고 있었는지도 모른다.

담임교사로서 나는 '무서운 선생님'이었고 학력 신장(이라 쓰고 성적 향상이라 읽는다)과 음악 활동에 집중했다. 가르치고 시험 보고 결과를 학부모들에게 통지하는 등 아이들을 독려하는 일을 가장 중요한 것으로 생각했다. 학력을 올리고자 한 나의 노력은 일정 부분 성과를 냈다. 그러나, 학년이 바뀌거나 졸업 후 중학교에 진학한 아이들의 성적을 확인할 때마다 좌절감을 느낄 수밖에 없었다. 아이들의 성적은 더 향상되지 않았고, 오히려 떨어지고 있다는 소식을 들었다. 그때마다 불러서 '꾸준히 노력하라'는 당부도 했다. 그러나 아이들의 성적은 오르지 않았고 나의 부끄러움은 커져만 갔다.

이후 제자들의 학력이 저하된 원인을 분석하던 중 '공부하는 습관'의 중요성에 주목하게 되었고, '공부 습관 형성을 통한 학력 신장 프로젝트'를 진행했다. 20명이 넘는 아이들에게 과목별 진도와 아이들의 능력에 맞춰 과제와 독후활동 등을 개별적으로 제시하고 검사하는 일을 반복했다. 아이들은 자신의 성적에 따라 각각 다른 난이도와 분량의 과제를 수행했다. 아이들의 수준에 따라 과제를 확인하고 검사하는 일의 고단함은 상상을 초월했지만, 눈에 띄게 향상되는 성적과 그로 인해 높아지는 아이들의 자신감, 학부모들의 신뢰는 지속적인 실천의 자양분이 되었다.

이 프로젝트의 진행 결과, 중위권 학생들의 학업성적은 몰라보게 향상되었다. 그러나 느리게 배워가는 학생들(당시 부진아들이라 부름)의 학업성취는 향상되지 않았다. 어르고 달래고 혼내기도 하고 늦게까지 남겨서 공부를 시켜보기도 했지만 서너 명의 아이들은 자신들의 한계를 벗어나지 못했다. 개별학습도 협력학습의 방법도 통하지 않았다. 아이들은 공부에 흥미가 없었고, 선행지식이 없어서 진도를 따라가기도 어려웠다. 이 아이들에게는 이전 학년의 교과내용을 별도로 지도했으나, 1~2학년 수준의 수학도 따라가기 버거워했다.

몇 번의 프로젝트 끝에, 나는 이런 부진의 원인이 아이들에게 있다는 자기 합리화를 통해 마음의 짐을 벗어내고 있었다. 그 시절 진보교육감이 등장하였고 혁신학교 정책과 철학이 널리 퍼져갔다. 당시 부안교육지원청의 한 장학사는 지역에서 나름 인정받고 살아가던 내게 계속해서 질문을 던졌다. 그 질문은 내게 '가르치는 것'의 본질을 생각하게 했다. 처음에는 허무맹랑한 질문같이 생각되었지만, 점차 나에게는 비수처럼 와서 꽂혔다.

"아이들의 입장에서 생각해봤는가."
"너의 실천은 아이들이 중심이었는지, 교사인 내가 중심이었는지 성찰한 적이 있는가."

이 두 질문에 나는 아주 세게 흔들렸다. 그대로 있을 수 없었다. 이후로 혁신정책과 철학 관련 도서를 탐독했으며, 관련 연수 등을 수강하면서 마치 교육대학을 다시 다니는 기분이 들었다. 그러면서 그동안 학력과 아이들을 위한다고 행했던 것들에 대해 새롭게 눈을 뜨기 시작했다. 그렇게 나의 혁신철학과의 인연은 시작되었다.

I

기록으로 돌아보는
혁신교육정책

전문직 발령 후 일주일,

학습부진 관련 현황을 파악하고자 고심고심 양식을 만들어 담당교사들에게 메신저 쪽지를 보냈다. 공교육의 책무에 대한 간절한 마음을 담아 교육청 차원에서 최대한 지원할 예정이라고 이야기했다. 혼자 결정하지 말고 전 직원의 협의를 거쳐서 선정해달라는 친절한 당부와 함께.

쪽지를 보낸 지 5분도 채 지나지 않아서 "없어요"라는 답장이 왔다.

순간 화가 났다

속이 상했다. 짧은 순간이었지만 별생각이 다 났다.

'교사들 수준이 이 정도밖에 안 되나?'

'우리 학교 샘들은 안 그랬는데…. 앞으로 어떡해야 하지?'

혼란스러운 마음으로 선배 장학사에게 속상한 마음을 털어놨다.

내심 나의 노력을 인정받고 싶었다.

그런데 그 선배는 이렇게 말했다.

"쪽지만 '딕~'하고 보내니깐 답장이 '딕~'하고 오지!"

ATTENTION!

둔기로 뒤통수를 얻어맞은 기분으로 정신이 번쩍 들었다.

선생님들을 바라보는 나의 기본적인 시각부터 다시 점검해야 한다는 생각이 들었다.

이 경험은 전문직으로 생활하는 내내 머리에서 떠나지 않았다.

전문직도 그에 맞는 리더십을 갖추고 있어야 한다는 것과 개인적인 리더십뿐 아니라 기관의 리더십도 함께 갖추도록 노력해야 함을 깨닫는 계기가 되었다.

제1장. 교육리더십: 함께하는 경험이 필요하다

장학사가 교육감에게 던진 질문, 그 '질문하는 모습'이 던진 '보이지 않는 질문'의 파장이 고창의 선생님들에게 미칠 영향을 생각해봤다.

"'돌+아이'가 되는 거 아냐?"라는 생각에 이르기까지 다양한 추측이 뒤를 이었다. 이 시기는 '고창교육집강소'라는 교육대토론회를 준비하는 중요한 기간이었다.

교육감에게 던진 당돌한 질문이 그 해의 '고창교육집강소'라는 의미있는 시간을 성공시킬 수 있는 원동력 중 하나가 되지 않았을까?

그 질문으로 인한 부메랑 효과를 확인하는 데 걸린 시간은 길지 않았다. 다음 해 정기 인사에서 좌천은커녕 영전이라고 불리는 인사를 경험했다. 도교육청 교육혁신과로 발령을 받았다. 도교육청에 근무하는 4년 동안 그 당돌함의 후폭풍을 온몸으로 겪으면서 근무해야만 했다.

— 본문 중에서

제1절. 人事가 萬事

1. 군인 vs 군바리

다음 글은 2016년 봄, 고창에서 장학사로 근무할 때 교육감과 관련한 에피소드를 겪고 기록한 것이다. 교육감과의 대화가 끝나고 선생님들의 걱정하는 소리를 들으면서 군대 시절의 일화가 떠올랐다. 오랜 시간이 지났음에도 불구하고 또렷하게 기억에 남은 선배의 목소리가 아직도 귓가에 맴돈다.

1995년 10월, 대학 졸업 후 학사장교로 입대해서 강원도 철원으로 자대배치를 받았다. 무시무시한 해골바가지를 부대의 상징으로 삼고 있는 부대였다. 부임 후 첫 회식에서 선배 한 명이 나에게 이런 이야기를 했다.

선배: 오 소위, 너는 군인 될래, 군바리 될래?

나: 네? 그거 같은 거 아닙니까?

선배: 아니야, 완전히 다르다.

나: 어떻게 다릅니까?

선배: 군인은 말이야, 강자에게 강하고 약자에게는 약한 사람이고, 군바리는 강자에게 약하고 약자에게 강한 놈이다. 오 소위, 너는 군바리가 되면 내가 가만 안 둘 거야, 군인이 되기 바란다.

2015년 고창교육지원청 장학사로 발령받은 뒤 안타깝게 생각한 것은, 선생님들이 자기 생각을 잘 표현하지 않으려는 것이었다. 아무리 자유롭게 말하라고 해도 선뜻 나서지 않는 모습이 안타까웠다. 일 년이 지나서도 선생님들의 성향은 바뀌지 않았다. "말을 해야 고창교육이 바뀔 수 있고, 학교의 문화도 바뀔 수 있다"고 호소했지만, 소용이 없었다.

뭔가 해결방안이 필요하다고 생각하고 지내던 어느 날, 좋은 기회가 찾아왔다. 교육감이 고창에 방문하여 교사들과 간담회 자리를 갖는다는 것이었다. 나는 학교의 교무, 연구 선생님들이 함께하는 자리에 모시는 것이 좋겠다는 의견을 냈다. 교육감이 왔을 때 선생님들에게 임팩트 가득한 선물(?)을 하고 싶었다. 무엇이 좋을까 고민하다가 아이디어가 떠올랐고, 교육장에게 보고했는데 "마음대로 해보셔"라는 답이 돌아왔다.

내가 생각한 방법은 교육감의 단점이라고 생각되는 것을 하나 잡아서 선생님들 앞에서 질문해보는 것이었다. 평소 회의 문화를 바꿔보고 싶은 생각을 가지고 있던 나는 교육감이 주재하는 확대간부회의 영상을 몇 개 보게 되었다. 그 영상 속에서 교육감은 늘 지시하고 있었고 간부들은 뭔가를 적고 경청하는 모습이 대부분이었다. 확대간부회의를 직접 본 적이 없으니 어떤 절차를 거쳐서 회의가 진행되는지는 알 수 없었다. 모든 구성원이 볼 수 있는 영상을 왜 그렇게 만드는지에 대해서 아쉬움이 들었던 것이 사실이다. 교육감의 특강이 끝나고 질문하는 시간이 돌아왔다. 질문의 요지는 다음과 같다.

교육감의 혁신정책으로 인해 민주적인 학교문화가 많이 확산되고 있다. 감사하다. 그러나 아직도 학교에서는 민주적인 회의문화 등에 대해서 시행착오가 많이 발생한다. 확대간부회의를 보면 교육감의 지시와 간부들의 받아적기가 그대로 보인다. 이것이 원래 회의를 이렇게 하는 것인지 아니면 편집상의 문제인지 여쭙고 싶다. 더하여, 민주적인 학교문화를 위해서 교육감님부터 민주적으로 회의하는 모습을 보여주시고, 편집도 그렇게 해주시면 장학사로서 혁신정책을 추진하는 데 큰 도움이 될 것 같다.

질문하는 동안 교사들 얼굴을 살폈다. 나 또한 내가 던지는 질문이 어떤 부메랑이 되어 날아올지 불안했는지 얼굴에 자꾸만 힘이 들어갔다. 그러나 그런 무모함이 선생님들에게 던지는 메시지와 효과에 대해서는 의심하지 않았다.

질문 이후, 교육감이 뭐라고 답을 했는지 잘 기억나지 않는다. 다만, 교육감의 약점일 수도 있는 부분을 선생님들 앞에서 대놓고 질문하는 내 모습과 질문하면서 교육감보다는 선생님들의 눈빛을 더 살폈던 것을 기억하고 있다. 동료 장학사들이 웃으면서 "잘했다"고 격려해주었고, 선생님들로부터 수많은 쪽지가 왔다. 그렇게 교육감을 공격했는데 징계받거나 좌천되면 어떡하느냐는 걱정 어린 쪽지들이었다.

장학사가 교육감에게 던진 질문, 그 '질문하는 모습'이 던진 '보이지 않는 질문'의 파장이 고창의 선생님들에게 미칠 영향을 생각해봤다. "돌+아이'가 되는 거 아냐?"라는 생각에 이르기까지 다양한 추측이 뒤를 이었다. 이 시기는 '고창교육집강소'라는 교육대토론회를 준비하는 중요한 기간이었다. 교육감에게 던진 당돌한 질문이 그 해의 '고창교육집강소'라는 의미있는 시간을 성공시킬 수 있는 원동력 중 하나가 되지 않았을까?

실제 그해에 실시한 교육 대토론회인 고창교육집강소는 대단한 성공을 거두었다. 선생님들이 기획하고 준비하고 성과까지 분석하는 등 고창교육이 한 단계 나아가는 데 크게 기여하였다.

그러나 질문으로 인한 부메랑 효과를 확인하는 데 걸린 시간은 길지 않았다. 다음 해 정기 인사에서 좌천은커녕 영전이라고 불리는 인사를 경험했다.

도교육청 교육혁신과로 발령을 받았다. 도교육청에 근무하는 4년 동안 그 당돌함의 후폭풍을 온몸으로 겪으면서 근무해야만 했다. 아래 글은 그날의 일에 대한 소회를 적은 김승환 (전)교육감의 페이스북 글이다.

권위적인 교육감

　가끔 도내 시군교육지원청으로 가서 직원들을 만나 대화하는 시간을 가집니다. 대화에 앞서 제가 간단한 인사를 하는 경우도 있고, 강의를 하는 경우도 있습니다. 어느 교육지원청으로 가서 직원들의 의견을 듣고 있었습니다. 그때 장학사 한 분께서 자신의 의견을 말했습니다. 요지는 이랬습니다.

　'월요일 아침마다 열리는 도교육청 확대간부회의 동영상을 보고 있다. 거기에 교육감이 말하는 장면이 나오는데 혼자서 일방적으로 말을 하고 다른 간부들께 서는 아무 말 없이 듣기만 한다. 그런 교육감의 모습이 너무 권위적으로 보인다' 라는 것이었습니다.

　그 순간 저는 '저 장학사님이 좀 부드럽게 말씀하시지, 가능하다면 웃는 얼굴 로 말하면 더 좋을 텐데, 저렇게 생각하고 말하는 것도 무리는 아니지, 그 동영상 은 대체로 회의의 마무리 발언인데 그걸 모르고 있었던 것이지'라는 생각을 하면 서 답변을 했습니다.

　"장학사님! 장학사님이 그렇게 생각하실 수도 있어요. 하지만 확대간부회의의 성격을 아셔야 합니다. 그 회의는 교육감과 간부들께서 토론하는 자리가 아니에 요. 그 자리는 과별로 한 주간의 업무계획을 교육감에게 보고하는 자리예요. 회 의 중에 간부들께서도 필요한 발언들을 자유롭게 하시거든요. 내가 물어보는 것 에 대해 답변도 하셔야 하고요. 간부들께서 교육감에게 질문할 수도 있고요. 그 동영상은 회의 상황을 찍은 게 아니라 회의를 마치면서 마무리 발언을 하는 것을 찍은 거예요. 그러다 보니 혼자서 일방적으로 말하는 것처럼 보일 수 있고, 장학 사님의 말씀처럼 내가 권위적으로 느껴질 수도 있어요."

도교육청 근무 당시에도 나는 교육감에게 몇 차례 항의도 하고 직언도 했다. 직언하는 과정에서도 나는 웃을 수 없었다. 그의 말대로 웃으면서 말했으면 좋았으련만 나의 의도와 생각이 왜곡되는 것이 싫었다. 25년 전 초임장교 시절 선배의 조언 때문이었을까? 학교 관리자로 살고 있는 지금, 나는 다시 초급장교일 때의 나를 생각한다.

"너는 군인이 될래? 군바리가 될래?"

2. 특권과 월권, 인사는 만사다

내가 근무했던 부서는 교육혁신과 학교혁신팀이었다. 직제상 사업부서에 해당했다. 그런데 실제로 하는 일 중에서 사업부서로서 역할은 혁신학교 지원에 관한 것뿐이었고, 대부분의 일은 새로운 정책을 만들어내고 적용하고 연구하는 일이었다. 이는 정책부서에서 진행해야만 하는 것들이었다. 업무를 진행하면서 "왜 혁신팀이 혁신과라는 사업부서에 있지?", "정책을 기획하는 업무가 더 많은데 그러면 정책기획부서에 있어야 하지 않나?"라는 의문이 들었다.

다음의 글은 2019년 가을, 사업부서인 혁신팀이 정책연구와 새로운 정책을 만들어내는 과정에서 겪었던 어려움과 인사정책에 대한 아쉬움을 표현한 글이다.

　나랏님으로부터 강을 건너는 새로운 방법을 만들라는 명을 받았다. 배를 이용해서만 강을 건넜는데, 비가 오거나 배가 없거나 멀미를 심하게 하는 사람은 건너지 못하고 있으니 이를 해결해보라는 명령이었다. 그래서 누구나 강을 쉽게 건너게 하려고 고민하다가 '다리'라는 것을 생각해냈다. 다리를 놓는 데는 새로운 도구가 필요했고, 시도해보지 않은 새로운 방법을 상상했고, 상상을 실현하려다 보니 그 분야를 오랫동안 고민해온 기술자가 필요했다. 시행착오를 거치다 보니 비용이 추가되기도 했다.

　나라 법에 '강을 건널 때는 나무로 만든 배만 사용해야 한다'라고 되어있다는 사실을 알게 되었다. 그래서 다리를 놓을 수 있게 해달라고 나라에 요구했더니 시범적으로 만들어보고 안전성을 평가해서 달라고 한다. 그래서 해당 관청에 요청했다.

　"나랏님으로부터 부여받은 임무를 수행하는 데 있어 여러 가지 어려움이 있다. 위험한 일이기도 하니 기술자가 더 필요하다."
　그런데 관리들은 일부러 큰 소리로 말한다.
　"너는 왜 법과 규정을 지키지 않으려고 하고 특권의식을 갖고 있느냐?"
　옆에서 구경하는 사람들은 목소리가 큰 관리들의 편을 들며 더 크게 말한다.
　"맞다, 너네는 돈도 많이 쓰지 않느냐. 그 돈이면 나도 할 수 있겠다."

　특권의 사전적 의미는 '특별한 권리'다. 내가 특별한 권리를 가졌다는 말인가? 내가 내 지위를 이용해서 나의 사적 이익을 챙겼다는 말인가? 새로운 정책을 만들어내기 위해서는 특별한 기술을 가진 사람이 필요하다. 기술자가

능력을 발휘하기 위해서는 공부도 해야 하고 실험도 해야 한다. 돈도 많이 들어간다. 내가 특정 집단이나 개인의 사적인 이익을 위해 제도를 무시하고 특별한 혜택을 누리고 있다는 말인가? 그래서 특권이라는 말을 아무렇지 않게 쓰는 것인가?

어렵게 설계도가 마련되어 기초작업을 진행하고 있다. 그런데 뱃사공들은 "왜 월권을 해서 우리의 역할을 침해하느냐"고 비난한다. "우리도 배를 튼튼하게 만들고 자유롭게 움직이기 위해서 정말 노력을 많이 하고 있는데 왜 타지 말라고 하느냐"라고 한다. 다리 공사를 하는 사람들은 배를 타지 말라고 말한 적이 없다. 그냥 묵묵히 다리를 놓는 사명에 충실할 따름이다. 강을 건널 때 배타기를 좋아하는 사람은 배를 타고, 멀미가 심한 사람은 다리를 건너가게 하는 선택권을 주고자 할 따름이다.

새로운 것을 만들어내는 일은 창의성이 필요하지만, 그보다 더 중요한 것은 변화를 두려워하는 사람들을 안심시키는 일이며 이해가 부족한 사람들에게 끊임없이 설명하는 일이다. 더하여 실행으로 옮겨서 실천해보고 그 가치를 증명해내야 한다. 이런 증명과 설득의 과정을 수행해내는 것을 '월권'이라 비난하면 안 된다. 월권은 내가 가진 권한을 넘어서서 다른 이의 권한을 침해하는 개념이다. 자신들이 할 일을 대신해주면 직무유기를 반성하고 고마워해야 한다는 생각이다.

배를 이용해서 강을 건너야만 제대로 강을 건너는 방법이라고 주장하는 사람들에게 묻고 싶다. 지금 세상에 배가 많은지 다리가 많은지를 말이다. 교육청은 각 업무 영역에 따라서 일하는 방식은 다르지만, 같은 목적을 향해서 가는 공동체다. 규정과 방침을 엄격하게 적용해야 하는 부서가 있고, 유연한 태도로 학교와 함께 협업하면서 업무를 처리하는 부서도 있다.

각자의 역할과 특성은 존중되어야 한다. 새로운 실험을 한다는 것, 새로운 제도를 만들어낸다는 것은 사람의 마음을 움직이는 것과 같다. 제도가 있어도 그것을 충분히 활용하는 구체적인 실천사례가 있어야 한다. 대안을 만들어내는 일은 매뉴얼 대로 하는 것보다 몇 배 이상의 에너지를 소비한다.

혁신정책이 교육감의 핵심이던 시절에는 혁신팀의 소속이 중요하지 않았다. 부서의 일이 곧 지침이 되기도 하고 교육감의 의지로 읽히던 시절이었다. 그러나 2기와 3기로 접어들면서 애매한 부서의 역할에 대한 부작용이 생겨났다. 자연스럽게 혁신팀의 역할과 역량에 대한 비판과 비난이 여기저기서 들려온다.

우리 팀은 심각한 딜레마에 빠져있다. 혁신학교의 실천가들은 혁신팀이 일을 제대로 하지 않는다고 비난의 화살을 쏘아대고 있고, 교육청 각 부서에서는 혁신팀이 뭔데 우리 일에 '감 놔라 배 놔라 하는가'라는 불만을 공공연하게 표현하고 있다. 혁신학교와 실천가 그룹에서는 혁신정책 초기 강력한 드라이브가 통하던 시절의 향수를 그리워하고 있고, 그 요구에 부응하지 못하고 있는 혁신팀의 무능함을 질타하고 있다.

이런 근본적인 문제의 시작은 어디였을까? '인사(人事)가 만사(萬事)'라고 한다. 어떤 이유였는지 이해할 수 없지만 다른 시도에 비해 탁월한 실천력을 가지고 있는 전북교육의 혁신을 더디게 한 가장 큰 원인은 인사 정책에 있다는 생각을 떨칠 수가 없다.

3. 인사(人使), 인사(忍史), 인사(仁事) 그리고 인사(人事)

전문직 수행하는 내내 인사가 발표될 때마다 아쉬운 마음이 컸다. 정책을 힘있게 추진하기 위해서는 관련 분야에 전문성을 가진 사람들을 발탁해야 하는데, 그렇지 못한 느낌이 들었기 때문이다. 학교 현장을 다니면서 인사(人事)의 중요성과 문제점에 대해서 여러 가지 생각을 해봤다.

다음 글은 인사와 관련된 연수를 받으면서 들었던 생각을 기록한 글이다.

- **인사는 사람을 부리는 人使여야 하는가?**
- **인사는 참아내는 기록인 忍史여야 하는가?**
- **인사는 베풂을 미덕으로 삼는 仁事여야 하는가?**
- **인사(人事)를 이야기함에 있어 법령을 넘어서는 인사 사례는 없는가?**

규정과 법령을 숙지하고 사례를 참고하는 것은 관리자에게 주어지는 당연한 책무이다. 그러나 내가 원하는 관리자의 덕목은 이것을 넘어서는 다른 무언가다.

"모든 인사는 법령에 기초해서 이루어진다. 여기서 벗어나면 징계다."

전문직이나 교장·교감 연수 프로그램에 단골로 들어가는 것이 인사 관련 과목이다. 학교에서 인사 관련 민원은 해가 갈수록 늘어나는 추세다. 따라서 관리자들도 많은 관심을 가지고 집중해서 듣는 연수다. 그런데 나는 인사 관련 연수가 불편하다. 연수가 불편하다기보다 접근 방식이 불편하다.

강사들은 관련 업무를 맡거나 교감으로 재직 시 겪은 사례 중심으로 교사들의 근무 태도와 민원에 대응하는 방법을 소개하고 해결책을 제시한다. 각각의 케이스와 그에 따른 대처 방법과 규정을 설명하고 그래도 안 되면 '그냥 해주라'는 친절한 설명도 덧붙인다. 이런 이야기를 할 때 표정은 인고의 세월을 이겨낸 달관자의 표정이다. 이건 인사(忍史)라고 생각했다. 다른 방식으로 풀어갈 수는 없었을까?

하나, 우리가 중요시해야 할 규정을 함께 읽고 공부하는 것을 사례로 소개했으면 어땠을까!

둘, 규정 속에 숨겨진 법리를 소개하며, 교사들과 함께 건강한 학교문화를 만들어가는 사례를 소개했다면 더 좋지 않았을까!

셋, 교사들과 어떻게 관계를 맺고 어떤 노력을 해야 하는지를 고민하는 방향이었다면 어땠을까!

인사(人事)는 사람의 일이다. 그런데 연수마다 거론되는 인사의 면면은 '법의 일'이다. 사람이 끼어들 틈이 보이지 않는다. '법의 일'과 더불어 '사람의 일'이 언급되기도 하지만 관리자로서 교사들에게 뭔가를 베푸는 것을 언급할 때로 한정된다. 교사들이 베풂의 대상은 아닐 것이고 관리자 또한 베푸는 사람은 아닐 것이다. '관리자로서 베풂'을 이야기한다면 강의의 핵심은 인사(仁事)여야 하지 않나? 차라리 사람을 쓰는 人使 중심 강의라면 더 좋았겠다는 생각이다. 왜냐하면 '人使' 속에는 리더십이 들어갈 수 있는 여백이라도 있기 때문이다.

학교는 사람이 모여있는 곳으로 사람과 사람의 관계가 기본이 되어야 한다. 그 관계를 벗어나는 상황이 생기면 그때 법을 동원하면 된다. 관계는 성숙한 합의나 의견 개진으로부터 시작된다. 충분히 각자 생각을 말하는 기회를 갖고 지켜가야 할 가치(의무)와 누려야 할 권리를 스스로 세워가는 문화를 만들어가야 한다.

이런 방식의 인사문화는 꿈일까? 철없는 혁신 담당 장학사의 희망 사항에 불과한 것인가? 사람들이 '그렇~게' 안된다고 하는 학교에 가서 상상한 대로 실천하고 싶은 철없는 생각을 해본다.

법령에 명시된 책임과 의무를 넘어서는 인사!

법령에 명시된 권한과 한계를 극복하는 인사!

이제는 仁事, 忍史, 人使를 넘어서 진정한 人事를 추구해야 하지 않을까?

교사 시절부터 여러 리더십을 겪으면서 나를 단련시켜 갔지만, 그중의 으뜸은 함께하는 공동체였다. 인사에 대한 이야기는 '법으로 사람을 어떻게 하느냐'보다 '사람을 어떻게 잘 활용하고 쓰느냐' 보다, '얼마나 참고 견뎌야 하는지에 대해서 이야기하는 것'보다, 사람과 사람과의 관계를 돈독하게 만들고 의미있게 키워가기 위해 '지식과 법령과 규정을 어떻게 사용하느냐'를 이야기하는 것이 더 필요해 보인다.

4. 중간으로부터 혁신, 교육지원청이 중심이다

2018년에 들어서며, 교육감은 3선 도전을 선언한다. 도교육청의 혁신팀 안에서 바라보는 선거는 8년 동안의 혁신정책 분석과 성찰로 전북교육의 새로운 도약을 위한 디딤돌이 될 제도가 정비되었으면 하는 바람이었다. 그간의 청렴 문화 속에서 이루어진 혁신교육 성과가 그 어떤 바람 속에서도 흔들리지 않고 굳건히 학생들을 바라보며 헌신하는 교사들과 함께 지속되기를 바랐다. 그리고 혁신교육을 이어갈 새로운 모멘텀을 찾는 것이었다. 혁신팀이 보기에 학교 풍토 변화가 역사성을 가진 내면화된 문화로 정착되었다고 하기에는 아직은 시기상조라는 생각이 있었기 때문이다.

다음 글은 2018년 5월, 변화의 중간에서 방향성을 고민하면서 기록한 성찰글이다.

전북교육 혁신정책을 담당하는 사람으로서 혁신을 입에 담기가 조심스러워지는 요즘이다. 아래로부터 혁신, 위로부터 혁신, 이제는 중간으로부터 혁신까지 등장해서 혁신을 이야기하고 있다. 그러나 실적 중심의 접근이라는 느낌이 강하다. 경기도에서는 '중간으로부터 혁신'이 화두라고 한다. 그 방법으로 교육지원청 혁신이 중요하다고 했다. 아래로부터 혁신은 학교의 혁신, 위로부터 혁신은 도교육청의 혁신, 그러니 이제는 교육지원청의 혁신, 즉 중간으로부터 혁신이라는 것인가?

첫째, 위로부터 혁신은 어디부터를 말함일까?

기관을 생각해볼 때는 도교육청, 사람을 기준으로 볼 때는 교육감부터, 각실·과장들과 교육장, 관리자들의 혁신을 말함일 것이다. 위로부터 혁신에 가장 부합하는 곳이 전북교육청이지 않을까 싶다. 정책적인 부분에서는 혁신 동력이 많이 약해졌지만, 뜻있는 장학사들과 실천가들이 활동할 수 있는 여건은 마련되어 있으니 타 시도에 비해 좋은 여건이다.

둘째, 아래로부터 혁신은 무엇일까?

학교로부터의 혁신? 교사들로부터 혁신? 혁신을 위한 시스템의 정비는 결국 사람의 성장과 실천에 달려있다. 동원과 실적 중심이던 교육이벤트를 교사들의 자발적인 참여와 실천 중심, 참여와 토론이 활발한 축제의 형태로 변화시켜갔다. 실천가와 교사의 인력풀 또한 풍부해졌다. 행복한 비명일지 모르지만 풍부한 인력풀은 다양한 축제와 토론회의 성장으로 이어졌다. 실천가의 성장이 혁신을 이끌어낼 수 있음을 보여주는 사례다.

학교를 새롭게 만들어내는 일은 '애간장이 녹는 일'이다. 사람을 설득하고 품어내야 하는 일이기 때문이다. 3~4년 동안 숨 가쁘게 달려온 후유증은 심리적 탈진을 동반한다. 다른 학교에서 같은 과정을 반복하기란 여간해서 엄두가 나지 않는다. 이들을 정책적으로 지원하지 못함으로 인해 '혁신 기만'과 '무늬만 혁신'이 생겨났다.

전북교육청, 나의 자랑이었지만 혁신정책과 혁신팀이 이제는 생인손으로 느껴진다. 불필요하게 뻗어 나간 덤, 덤인데 환영받지 못하는 덤, 버릴 수도 없고 늘 애잔한 마음으로 바라보는 아픈 존재다. 학교를 들여다보면 문제는 더 심각해진다. 혁신철학을 지켜나가는 학교와 실천가들은 그들만의 울타리로 숨어버린다. 그래서 '그들만의 리그'로 비난받기도 한다.

셋째, 중간으로부터 혁신, 교육지원청이 중심이다.

혁신학교 운영에 있어 가장 중요한 세 가지는 '실천, 과정과 절차, 관계'다. 혁신학교 하나를 만들기 위해 공부와 고민이 필요하고, 생각이 다른 동료를 참여시키기 위해 노력한다. 혁신학교 교사들이 성장할 수 있었던 가장 큰 이유는 자발성과 민주성이었다. '공무원으로서 교사'의 삶이 아닌 '교육자로서 교사'의 삶에서 혁신이 출발하였고, 민주적 의사결정 과정을 삶 속에서 경험했다.

중간으로부터 혁신이 교육지원청의 혁신에서 시작되어야 한다면 그에 대한 구체적인 해법도 교육지원청에 있다. 교육지원청이 학교 속으로 깊게 들어가야 한다. 교육부의 교육과정 권한 배분이 도교육청에 집중되어 몸집을 불리는 것은 교육부가 17개로 확대되는 것과 다르지 않다. 도교육청 전문직원과 행정직원을 교육지원청과 학교로 보내야 한다.

제2절. 혁신교육은 교사의 실천에서부터 시작한다

1. 학교를 움직일 핵심리더가 필요하다

(컨설팅 이후) 연수와 정례협의를 기획하고 추진하는 동안 '지속성'이라는 단어가 떠나지 않았다. 한두 번의 연수를 통해서 교사들을 성장시키는 일은 가능하지 않아 보였다. 지속적으로 구성원들에게 질문을 통해 실천을 독려하거나 개인적인 실천을 방해하는 일은 없도록 해야 했다. 컨설팅 자료를 보며 학교별로 경력에 따른 인적구성을 살폈다. 저(低)경력 교사들이 많았다. 뭔가 새로운 것을 시도하기에 어려운 점이 많아 보였다.

다음 글은 2015년 가을, 위의 고민을 바탕으로 기록한 성찰일기에서 발췌한 글을 상황에 맞게 재구성한 것이다.

신규교사들에게 학교의 모든 일은 부담스럽다. 아이들을 가르치고 싶어서 학교에 왔는데 가르침에 집중하기보다 갖가지 공문과 통계처리에 한 달이 휙 지나간다. 동료 교사들 또한 고만고만한 동료 선후배들이다. 그래서 가장 많이 의지하는 것이 메신저를 이용한 정보 주고받기와 온라인 교사 커뮤니티에 들어가서 업무와 수업에 필요한 자료를 다운로드하여 하루하루를 살아낸다.

교사와 관리자들의 부담감을 어떻게 해소할 수 있을까? 가장 확실한 방법은 교사와 관리자의 중간 역할을 할 수 있는 핵심리더를 성장시키는 일이었다. 핵심리더 역할을 하는 교사들에게는 몇 가지 공통점이 있었다.

첫째, 조정자의 역할을 수행한다.

조정자로서 교사는 관리자와 교사의 교량 역할을 하며 학교구성원들을 하나로 모으는 역할을 담당하고 있었다. 업무 능력과 더불어 사람들을 포용하는 능력이 있다. 구성원들의 말을 듣고 더디 가더라도 함께 가려는 마음, 진정성을 가지고 동료와 함께하려 노력한다. 평소에 끊임없이 대화하고 소통하면서 신뢰를 쌓아간다.

둘째, 실천가로서 모험을 두려워하지 않는다.

실천가는 스스로 행함이 있어야 한다. 학교에 필요한 리더십은 관리와 통제의 리더십도, 카리스마 리더십도 아니다. 몸소 실천하고 대화하며 성찰하고 또 실천을 함께하는 리더십이 필요하다. 리더십은 생득적인 것이 아니라 함께 고민하고 실천하는 과정에서 자연스럽게 형성되는 것이다.

셋째, 철학가로서 실천의 방향을 잃지 않는다.

우리나라에는 '사공이 많으면 배가 산으로 간다'는 속담이 있다. 수난의 역사 속에서 살아남기 위한 고육지책이었고, 조직이나 사회가 제대로 운영되기 위해서는 '강력한 리더십이 있어야 한다'는 문화가 뿌리 깊게 박혀있다. 그러나 학교의 운영은 특정 리더에 의해 운영되는 것보다 학교 구성원 모두의 철학을 학교 교육과정과 연결지어 교육력으로 승화시켜야 한다. 리더는 이런 역량을 가진 실천 철학가여야 한다.

조정자와 실천가와 철학가는 쉽게 길러지지 않는다. 그렇지만 조정하려 노력하는 교사들이 있어야 하고, 동료들과 함께 실천하려는 교사 또한 존재해야 한다. 이런 노력 속에서 교사 개인의 철학도 학교의 철학도 자리 잡을 수 있다. 그러나 학교 현실은 그런 여건과 분위기를 제공하지 못하는 경우가 많았다. 그래서 교사들은 자신의 생각을 표현하지 않으려 하고 표현한다 해도 방법에 서툴다. 장학사로서 이런 모습이 너무 안타까웠다. 관리자의 의도를 모르는 교사들의 불만과 아픔, 선생님들의 어려움과 성향을 이해하지 못하는 데서 오는 관리자들의 가슴앓이는 풀어내야 할 숙제로 다가왔다.

2. 핵심 리더를 어떻게 성장시킬 것인가?

'전북교육의 못자리', 지금 여기서 자라는 어린 모들이 어디로 옮겨질지는 아무도 모른다. 그 어린 모들이 각자의 자리에 가서 튼실하게 뿌리를 내리도록 돕고 싶다. 그중에서는 못자리에 그대로 뿌리를 내리는 모도 분명히 있을 것이다. 그들에게 섣불리 비료를 뿌리고 싶지는 않다. 보기에 화려하고 튼실해 보여도 비료를 먹은 모는 작은 바람에도 쉽게 넘어간다. 조금 어설프고 약해 보여도 그들 스스로 뿌리를 촘촘하게 많이 뻗을 수 있도록 자꾸 흔들어주는 것이 나의 할 일인 듯하다. 나는 그들에게 질문을 던지는 것으로 흔들어대는 일을 대신한다. 나의 질문으로 인해 선생님들이 자신에게 질문을 던지고 실천하고, 또다시 성찰하는 과정을 반복하며 뿌리가 튼실한 핵심리더로 성장할 것을 기대한다.

— 2015년 성찰일기 중에서

학교 내 핵심리더로 성장하도록 돕는 일은 나의 장학사 생활 최고의 목표가 되었다. 지역에서 활동하는 교사들 속에는 보석 같은 사람들이 늘 존재했다. 활발하게 지역 리더로 활동하는 사람도 있고 조용히 실천하는 사람도 있다. 장학사의 일은 그런 보석 같은 사람들을 발굴하고 성장시키는 데 중심을 둬야 한다. 그들이 가진 긍정적인 에너지를 지역사회 전체에 영향을 미칠 수 있게 하는 것이 중요하다.

고창은 폐쇄적인 성격을 띠고 있는 듯이 보이지만 내면에 웅크리고 있는 응집력과 변화를 갈망하는 목소리를 많이 들을 수 있었다. 이들에게 성찰과 변화를 유도하는 질문을 던졌고, 생각을 거침없이 표현하는 교사들을 특별히 눈여겨보았다. 자신이 살아가는 방식에 대한 이유와 생각이 뚜렷한 교사들이었다. 생각이 또렷한 교사들이라면 자신의 삶과 교육에 대해 성찰할 수 있고 성장 잠재력이 큰 사람들이라고 생각했기 때문이다.

첫째, '기초학력 연구회'를 만들고 지원하는 일

컨설팅 기록을 바탕으로 저학년 담임을 하고 있거나, 기초학력이나 문자 지도 등에 관심을 가진 선생님들의 리스트를 작성했다. 그 리스트를 가지고 선임 장학사에게 의견을 묻고 한 명씩 연락을 취했다. '연구회'라는 말에 부담을 가진 선생님을 안심시키는 데는 시간이 걸렸다. 그분들에게는 "어떤 실적이나 성과도 요구하지 않을 것이니, 주기적으로 만나서 아이들 가르치는 이야기를 하고 선생님들 삶의 이야기를 나누고 힐링하는 시간으로 삼아달라" 당부했다.

모임에 필요한 예산도 교육지원청에서 모두 직접 집행했다. 그렇게 같은 문제의식과 목적을 가진 사람들이 모여서 나누는 기회를 만드는 것에서 리더의 성장은 시작되었다.

둘째, 교육과정 동아리를 구성하고 지원하는 일

'교육과정 동아리'는 학교를 순회하면서 만난 교무 연구 담당 선생님들을 주 대상으로 했다. 동아리의 취지와 앞으로의 운영 방향을 설명하고 함께 의미를 만들어가자고 제안했다. 많은 분이 흔쾌히 제안에 응했고 30명 정도의 회원들이 모였다.

"학교에서 교육과정을 잘 모르고 힘들어하는 후배 선생님들에게 교육과정에 대한 기본개념을 알려드리고 싶다. 그러나 장학사가 직접 하면 그건 연수나 다름없다. 선생님들끼리 필요한 것이 무엇인지 스스로 이야기하고, 분과로 나눠서 함께 알아갔으면 한다. 마음껏 상상하고 실천해 달라."

선생님들은 나의 제안에 동의했고, 그렇게 정기적으로 모임과 나눔을 진행했다. 시간이 지나면서 의미 있는 제안이 나오기 시작했고, 교육과정 동아리 활동을 통해 회원 전체가 리더가 될 수도 있겠다는 생각이 들었다.

이외에도 모든 연수나 행사에 지역의 교사들에게 멘토나 진행을 맡겼다. 각자에게 주어진 역할에 따른 준비를 통해 교사들은 성장할 수 있었다.

3. 마블과 DC에 열광하는 이유

이 글은 2019년 마블 영화를 본 후 평소 생각했던 20대의 보수화에 대한 생각을 정리한 글이다. 주인공의 죽음에 목 놓아 울던 학생들의 모습을 보면서 내 안에 남아있는 영웅들을 생각했다. 그리고 현재의 나 또한 세상을 구할 영웅을 기다리는 것은 아닌지 돌아보았다. 결국 나의 영웅은 밖이 아니라 내 안에 있음을 깨닫는 시간이었다.

얼마 전 〈어벤져스 엔드게임〉을 봤다. 타노스와 어벤져스 들의 싸움이 끝나고 지구는 다시 평화를 되찾았다. 그 과정에서 아이언맨이 자신의 소임을 다하는 손가락 튕기기 신공으로 임무를 완수하고 돌아갔다. 아이언맨이 죽고 그를 추모하는 장례식의 장면이 펼쳐질 때 주위에서 흐느끼는 소리가 들렸다. 처음에는 코를 훌쩍거리는 소리가 나더니 이내 펑펑 우는 친구들이 여럿 생겼다. 누군가, 하고 주변을 보니 여중생 몇 명이 화장지를 꺼내놓고 눈물을 닦으며 펑펑 운다.

자기들의 성장과 결을 같이 해 온 히어로를 보내는 그 심정이 충분히 이해 간다. 나 또한 마징가 제트, 로보트 태권브이, 짱가, 독수리 오형제 등을 보내면서 상실감을 느낀 경험이 있지만 울거나 슬퍼하지는 않았다. 현실과 가상의 공간은 다른 것이라는 생각이 있었던 것 같다. 입시와 경쟁으로 인해 지친 몸과 마음에 위안을 주던 히어로가 떠나갔다고 슬퍼하는 것이라 생각하면 너무 직업병인가? 비록 가상의 공간이라고 해도 지구를 위해 헌신한 영웅이 사라짐에 대한 감사와 존경의 표현인지 알 수는 없으나 이 아이들의 모습은 약간의 충격으로 다가왔다.

우리는 늘 영웅을 기다리고 있었는지 모른다

우리는, 아니 나는 슈퍼맨의 출현을 기다리는 것은 아니었을까? 대통령이 슈퍼맨은 아니다. 문제의 핵심은 교육부와 각료, 그리고 켜켜이 쌓인 관료문화이다. 교육감도, 대통령도 결코 슈퍼맨이 아니다. 메시아나 슈퍼맨은 밖에 있는 게 아니라 우리 안에 있다. 날지 못하는 우리 안의 슈퍼맨을 날게 하는 것, 내 속에 존재하는 연약한 슈퍼맨에게 날개를 달아주는 것은 개인과 개인의 연대에 있다.

현실과 가상을 혼동하지 말자, 슈퍼맨은 밖에 있지 않고 우리 안에 있다. 내 안의 슈퍼맨을 깨우는 것이 지금 나의 삶이다. 결국 내가 하고자 하는 것은 민주시민 육성이라는 교육의 대 목표에 부합하려는 것이다. 그런데 요즘 20대에게 민주주의는 '허세'라는 소리가 있다. 사회의 냉혹하고 답답한 현실에 내던져진 20대의 한이 서린 외침이다.

대학생의 40%가 공시족(공무원 시험 준비하는 사람들을 통칭)인 현실, 대학을 졸업하자마자 빚쟁이가 되어 생계에 내몰려 하루를 살아야 한다. 노량진 학원가에서 공무원 시험 준비를 위해 청춘을 소비하고 부모의 '등골브레이커'라는 따가운 바늘에 꽂혀 하루하루를 살아가는 젊은이들에게 민주주의는 허세다. 이들이 기대하는 솔루션은 복잡하고 머리 아픈 민주주의보다는 손쉽고 한방에 끝을 볼 수 있는 절대 권력이나 독재자의 출현이 반갑고 더 매력적일 수 있다.

변해가는 사회와 에너지를 잃어가는 기관을 보면서 히어로의 등장에 대한 기대를 버린 지 오래다. 내 안에 살아 숨 쉬는 아이언맨, 슈퍼맨 등과 같은 영웅이 좀 더 성장할 수 있도록 현장 속 숨겨진 실천가들을 찾아 활동할 수 있도록 노력해야 한다.

4. '수업'이라는 '일'을 하는 노동자(전문가로서 교사)

"예전에 내가 다니던 직장과 비교해서 이런 임금을 받고도 학교에 근무하는 건 자유롭게 내 시간을 쓸 수 있기 때문이에요. 나는 수업을 하는 것만으로 나의 임금에 대한 대가는 충분히 한 것이라 생각해요. 수업시간만 아이들을 잘 가르치면 되는 거 아닌가요? 방과후까지 아이들 때문에 스트레스받고 싶지 않아요!"

— 2021년 어느 날, 교사와의 대화에서

"이렇게 하니깐 애들이 좋아하던데요."

"이 자료 쓰면 평가하기도 좋고 애들 집중력도 좋아요."

"교사 커뮤니티 들어가면 자료 많아요, 그거 편집해서 쓰면 돼요."

'아이들이 좋아하고 편리하다'는 것이 수업 구성과 실행의 이유가 될 수는 없다. 그건 교사가 아니라 누구라도 할 수 있는 것이다. 교사는 내 수업이 어디에서 출발하고 전체 교육과정 중에 어느 위치에 있는지 확인하고 설명할 수 있어야 한다. 지금 수행하는 수업이, 교육과정이나 프로젝트학습에서 지향하는 역량을 달성하기 위해서 어떤 역할을 담당하고 있는지 설명할 수 있어야 한다. 수업을 마치고 난 뒤 아이들이 성취하게 되는 학습 요소가 무엇인지 스스로 설득할 수 있어야 한다. 그렇게 내 수업의 뿌리와 근원을 찾아가는 과정이 필요하다.

"나는 교사를 할 능력이 아니고 다른 전문직도 할 수 있는 사람이다."
"하향 안정 지원으로 교대에 왔고, 나는 학력이 높은 사람이다."
"교사로 일하면서 내 능력에 비해서 적은 월급을 받고 있으니 나는 월급 받은 만큼만 일하면 된다."
"똑똑한 나에게 배우는 것을 아이들은 영광으로 알아야 한다."

위의 글은 교사 커뮤니티에 올라온 글로, 일부 교사들의 사례지만, 실제로 학교에 다니며 직접 들은 이야기이기도 하니 아주 생뚱맞은 소리는 아닐 것이다. 이들이 가진 학력의 개념은 '수능성적'이고, 능력은 '고등학교 때 배운 지식을 아이들에게 가르치는 것'으로 인식하고 있음을 확인할 수 있다. 이들의 '수업'이라는 행위는 교과서에 나열된 지식을 전달하는 것으로 보인다.

교사 중에는 자신이 받는 월급에 연연하지 않고 가치로운 것을 지향하고 아이들과 함께 실천하는 교사들이 더 많다. 전문직을 할 수 있는 능력을 소유했으면 전문직으로 이직하면 된다. 월급으로 자신을 평가하고 싶으면 더 많이 받는 직업을 선택하면 된다. 월급의 액수만으로 자기가 가진 교사로서의 가치를 한정 짓는 우를 범하지 않았으면 좋겠다.

현장에서 만난 이런 유형의 교사들의 공통점은 (과한 비약일지 모르나) 학교와 교실을 자신들의 능력을 뽐내는 장으로 생각한다는 것이었다. 교실 속 아이들은 자신의 '트로피'와 '크라운'으로 생각하는 경향이 있었고, 부족한 자신의 능력이 드러날지도 모른다는 생각에 동료들과 경험과 생각을 나누기도 꺼려했다. 그래서 학습공동체에 부정적이고, 참여하려는 사람들을 비난하는 모습을 목격하기도 했다. 나의 눈에는 '더 배울 것이 없는 능력자'의 지위를 잃기 싫어하는 것처럼 느껴져 마음이 무거웠다.

수업은 교육과정 운영의 과정이다

이러한 현상이 생기게 된 이유가 무엇일까? 전문성을 강조한다고 '수업기술'만 강조한 결과일까? 실제로 교사들은 자신이 해야 할 중요한 과업을 '단위 시간에 하는 수업'으로만 한정하는 분위기가 팽배하다. 수업은 교사가 할 수 있는 가장 기본적이고 중요한 수단이다. 그럼 '수업'이라는 행위의 전제는 무엇일까?

교사들의 중요한 과업이 수업이라면, '수업 준비'는 교육과정을 구성하는 일이다. 아이들에게 무엇을, 어떻게 가르쳐야 할 것인지 기획하는 것에서부터 수업은 시작한다. '수업'이라는 행위는 단위 시간에만 머물러있는 것이 아니라 수업과 수업을 연계하고 구성하는 것에서 시작해서 평가에 이르기까지 모든 행위의 집합체인 것이다.

이제는 수업의 개념을 확대해야 할 필요가 있다. 아니면 '수업=교육과정'이라는 인식의 확대와 함께 재개념화가 필요하다. 지금까지 수십 년 동안 수업 연구를 진행해왔다. 많은 성과도 있었지만, 교사들에게 수업 연구는 늘 부담스럽고 어렵다. 수업 연구를 통해서 일련의 교수 기법이나 수업 기술 등을 익히지만, 이들을 일상적으로 사용할 수는 없다. 수업연구에서 듣게 되는 부정적인 피드백과 이로 인해 성장하지 못한 경험은 '수업 나눔'이나 '수업 공개' 등을 통한 학교 내 학습공동체의 형성을 어렵게 만들기도 한다.

'눈 감고 코끼리 만지기'

지금까지 진행되어온 현재 이루어지고 있는 수업 연구의 단면이다. 코끼리라는 큰 생명체에 대한 이해 없이 눈을 감고 일부분을 만지는 것으로 코끼리를 다 안다고 할 수 없다. 같은 교실에 있지만, 각각의 아이들은 모두 다르다. 지역마다 생태적, 문화적, 역사적 환경적 요인도 모두 다르다. 그렇다면 아이들과 지역과 교육과정을 연계해야 하지 않을까?

수업과 수업은 어떻게 연계해야 하는가? 교육과정에 대한 이해에서 출발해야 한다. 수업과 수업을 연결하는 작업의 과정에서 교육과정에 대한 이해가 확보되어야 한다. 내 수업이 교육과정에 제시된 '핵심역량'에서 출발해서 '교과 역량', '핵심 개념', '일반화된 지식', '내용 구성', '성취기준', '수업'에 이르기까지 어떤 기능과 성취 요소들을 담고 있는지에 대한 정리가 필요하지 않을까?

'수업'이라는 '일'

이제는 주어진 교과서를 단위 시간에 가르쳐내야만 하는 일에서 벗어나, 수업과 수업을 연결하고 수업을 준비하며 평가하는 일까지 모두 포함해야 한다. 교육청에서는 이를 권장하는 방향으로 정책적 지원을 해야 한다. 그래야 **'수업'**이라는 **'일'**을 하는 **'노동자로서 교사'**보다는, **'교육과정'**과 **'수업'**을 통해 아이들과 함께 성장하는 **'전문가로서 교사'** 상(像)을 만들어낼 수 있을 것이다.

제3절. 교사를 성장시키는 관리자 리더십

1. 관리자의 버킷리스트는 철학이자 교육관이어야 한다

학교의 관리자들을 만나오면서 안타깝게 생각한 부분이 있었다. 누구나 몇 가지 버킷리스트를 가지고 있었다. 오랫동안 교사로 살아오면서 당신들이 생각하기에 아름답고 의미 있는 교육활동들을 모아서 버킷리스트를 만들고, 마침내 교장이 되어서 그것들을 하나둘 펼쳐 놓으며 교사들에게 제시한다. 그중에는 취지와 의미는 정말 좋으나 현재 상황에 맞지 않는 것도 있고, 이미 시대의 흐름에서 멀어져간 내용도 있다. 버킷에 담긴 교육활동이나 프로그램들이 어떤 경로를 통해 담기게 되었는지는 잘 알 수 없지만, 그중에는 교육의 본질에서 벗어난 사업이나 행사, 정책들이 많이 들어있었다.

— 2015년 여름 어느날

컨설팅을 다니면서 안타까운 것 중 하나는 소통의 부재였다. 관리자와 교사들, 선생님들 사이 소통이 활발하지 않은 학교에서 관리자의 버킷리스트는 고스란히 교사들의 부담이 되는 경우가 많았다. 더 심각한 문제는 관리자나 교사나 '이미 소통을 잘하고 있다'고 생각하는 것이었다. 내가 생각하는 소통의 조건은 이렇다.

첫째, 상대방에게 내 속마음을 솔직하게 이야기할 수 있어야 한다.

둘째, 내가 어떤 말을 해도 상대방이 이해하고 오해하지 않을 것이라는 믿음이 있어야 한다.

셋째, 어느 한 사람이 이야기를 독점하지 않아야 한다.

위의 기준으로 판단해봤을 때, 속마음을 이야기하지 못하는 소통은 소통이 아니며, 관리자 주도의 소통은 한계를 넘지 못한다(그렇지 않은 관리자와 학교도 분명히 있다). 관리자와 교사들의 나이와 경력이 너무 큰 차이를 보였고, 몇 학교를 제외하고는 중간 리더급 교사들이 없었다. 있어도 현재의 삶을 살아가기에도 바쁜 분들이었다.

관리자들은 "우리 학교는 분위기가 좋다. 모두 즐겁게 잘 지내고 서로서로 만나서 수다도 잘 떨고 소통을 잘하고 있으며 업무도 정말 열심히 잘한다"고 말한다. 그런데 교사들의 생각은 좀 달랐다. "열심히 하는 것은 어차피 해야 하는 일이고, 내 자존심을 위해서 하는 것이다. 솔직히 왜 이런 것을 해야 하는지 모르겠다"는 교사들이 많았다.

관리자들은 젊은 시절부터 수행해 온 다양한 행사들과 교육활동들을 다시 구현하고 싶은 경향이 많았다. 자신이 경험했거나 연수를 통해 얻은 다른 학교의 사례를 접목하려는 분들도 있었다. 수십 년 전에 수행했던 교육활동은 시대가 변함으로 인해 효과성이 떨어진 것들이 많았고, 다른 학교의 사례는 인적구성으로 볼 때 불가능한 경우도 많았다.

2015년 현재 학부모들의 의식 수준과 학력 수준이 높아졌다. 교사들보다 화려한 학력(學歷)을 가진 학부모들도 많아졌다. 인터넷과 각종 매체를 통해 사회에 대한 이해와 교육의 다양한 방법과 진로에 대해서 전문가 이상의 지식과 전문성을 가진 학부모들이 많아졌다. 학생이 동원되는 성격을 띤 행사와 성과 중심의 행사(일명, 낯내기식 행사)에 대해 문제를 제기하는 학부모도 많다. 그렇지만 학교에서 하는 일이고 아이들이 즐겁게 참여할 수 있는 행사라는 것을 이해하고 대부분 묵묵히 지원해주고 있다.

관리자의 버킷리스트는 필요하다. 그러나 특정 프로그램의 반복과 재생산이어서는 안 된다. 본인이 좋았다고 남들도 좋을 것이라는 생각을 버려야 한다. 아이들과 교사들의 성장을 위한 철학이자 교육관을 리뉴얼해가는 과정이 관리자의 버킷리스트여야 한다.

2. 실천가와 귀명창, 그리고 혁신 연수

아래의 글은 2019년 교감자격 연수 중 연수생들의 대화를 들으면서 든 생각을 정리한 글이다. 혁신에 대해서는 누구나 공감하고 저마다 자신이 얼마나 혁신적인지를 나누는 모습을 쉽게 볼 수 있었다. 그러나 학교에서 실제적인 사안을 다루는 이야기로 들어가면 굉장히 보수적으로 반응하는 모습을 자주 볼 수 있었다. 머리로 이해한 이론과 몸으로 행동하는 실천의 부조화였다.

'머리보다 몸으로 아는 게 중요하다' 연수의 감동이 실천으로 이어져야 하는 이유

'판소리'는 유네스코 세계문화유산에 등재된 우리나라의 자랑스런 무형유산이다. 판소리는 한 명의 소리꾼과 한 명의 고수(북치는 사람)가 음악적 이야기를 엮어간다. 장단에 맞추어 부르는 표현력이 풍부한 '창(노래)'과 일정한 양식을 가진 '아니리(말)', 풍부한 내용의 사설과 '너름새(몸짓)' 등으로 구연(口演)되는 이 대중적 전통은 지식층의 문화와 서민의 문화를 모두 아우르고 있다는 점이 특징이다.[1]

---

1) 유네스코 한국위원회 누리집

판소리가 세계 무형문화유산에 등재된 이유는 다음과 같다.

1. 세대와 세대를 거쳐 전승된 것.
2. 인간과 주변 환경, 자연의 교류 및 역사 변천 과정에서 공동체 및 집단을 통해 끊임없이 재창조된 것.
3. 공동체 및 집단에 정체성 및 지속성 부여하고 있는 것.
4. 문화 다양성 및 인류의 창조성 증진에 기여하는 것.
5. 공동체간 상호 존중 및 지속가능 발전에 부합하는 것.[2]

고수와 단둘이 긴 시간 동안 이야기를 표현하려면 관객의 호응과 반응이 소리꾼에게는 매우 중요하다. 이와 더불어 중요한 것이 소리 스승이다. 소리꾼의 소리를 듣고 평가하고 조언을 아낌없이 주는 것이 귀명창이다. 소리꾼은 들은 조언을 바탕으로 자신의 소리를 다듬고 담금질한다. 귀명창의 역할은 매우 중요하지만, 한계가 분명하다. 직접 소리를 하는 사람은 아니기 때문에 소리를 만들어가는 구체적이고 세세한 부분에 이르기까지 모두 알지는 못한다. 그래서 귀명창은 조언은 하되 함부로 평가하거나 비난하지 않는다.

우리나라는 모든 국민이 교육전문가다. 혁신정책이 본격적으로 자리를 잡아갈 무렵, 혁신교육에도 귀명창들이 많이 등장했다. 그동안 교원들의 성장을 위해서 다양한 형태의 연수와 워크숍이 진행되어왔다. 연수에 참가하는 사람들이 많아진 것은 매우 고무적인 일이었으나 연수를 통해 성찰과 실천 의지를 북돋우려는 의도와는 달리 사례만 많이 듣고 지식으로만 저장해두는 사람들 또한 늘어나기 시작했다. 심지어 소문난 연수만 골라가면서 듣고 다니는 '전문 연수꾼'이 생겨나기도 했다.

---

2) 무형문화유산의 특징(협약 제2조 1항)

그런데 왜 학교에 돌아가면 모두 리셋(RESET)되는 것일까?

유명한 사람들이 얘기하면 새겨듣고 기록까지 하며 듣는데, 왜 교육청이 얘기하면 "참학력이 실체가 있느니 없느니" 비난하고 공격하는 것일까? OECD나 교육부의 역량에는 동의하고, 필요하다고 말한다. 그러나 같은 내용의 지역화 역량인 '참학력' 역량에 대해서는 왜 그렇게 날 선 반응을 보이는 것인가!

예술이나 특정 분야에는 귀명창이 꼭 필요한 분야가 있다. 그러나 귀명창을 자청하는 이들은 직접 필드에서 뛰지 않는다. 그것이 필드에서 뛰는 사람들에 대한 예의라고 생각하고 룰을 지키기 때문이다. 그러나 교육 부분은 좀 상황이 다르다. 자신과 자녀들의 삶과 직결되어 있어서 그런지 자신에게 유리한 것을 마치 정답인 양 목소리를 높인다. 다른 사람들에게 영향력을 미칠수 있는 자리에 있는 사람들이 귀명창을 하는 것은 다소 위험하다. 귀명창관리자나 학자들은 직접 아이들을 가르치는 소리꾼이 아니기 때문이다.

지식을 쌓으면 써먹어야 하지 않는가? 지식이 실천으로 이어지지 않는 것, 연수와 강의가 학교 내에서 실천과 성장으로 이어지지 않는다면 그것은 귀명창만 길러내는 일이고 퇴행에 다름 아니다. 자신이 귀명창인지 소리꾼인지 구분하지 못하고, 객관적인 분석 없이 이도 저도 아닌 상태에서의 훈수는 실천 없이 내뱉는 소리요, 듣는 이에게는 소음에 불과하다.

연수는 그들만의 버킷리스트를 만들어내는 시간이 아니다. 타자의 눈으로 나를 보면서 스스로를 단련하고 연마해가는 시간이어야 한다. 연수와 교육으로 세상이 바뀐다면 사회는 이미 유토피아를 구현하고 있을 것이다. 우리의 일은 연수의 내용을 비판적으로 받아들이고 학교 속에서 실천하려는 사람들을 한 사람이라도 더 만들어내는 것이어야 한다.

제4절. 학교와 지역을 움직이는 교육전문직원의 리더십

1. 농부의 발걸음과 장학사의 발걸음

"들판의 작물은 농부의 발걸음 소리를 듣고 자란다." 어릴 때 부모님과 동네 어른들로부터 자주 듣던 말이다. 그만큼 부지런하게 다니면서 돌봐야 한다는 뜻으로 해석한다. 장학사 생활 1년 동안 학교를 참 많이도 다녔다. 자동차 주행거리를 확인하니 1년 동안 거의 4만km를 운행했다. 어지간히 돌아다녔다는 증거다.

다음 글은 2016년 2월 말에 기록한 글이다. 한 해 동안 발품을 판 성과가 나타난 듯해서 보람을 느끼는 시간이었다.

3월 개학을 앞두고 25일과 26일 이틀 동안 교육과정 세움 워크숍을 진행했다. 주요 내용은 교무부장과 연구부장들을 대상으로 교육과정과 성장평가제 준비상황을 공유했고, 1학년과 3학년 담임교사들의 연수를 진행했다.

1학년 입학생들과 함께 문자지도 및 한글교육에 대해 계획을 수립하고, 3학년 담임교사들을 대상으로 지역화 교과서 재구성 연수를 추진했다. 지역화 교재를 읽고 한두 곳을 답사하는 수준에서 벗어나 사전 재구성 연수를 통해 일상생활 속에서 접근해보고자 하는 시도였다. 연수뿐 아니라 학교별로 어떻게 준비되고 있는지, 어떤 방향과 철학을 가지고 준비하고 있는지 나누고 공유하는 시간을 가졌다.

연수가 진행되는 내내 참 진지했고 예전에 흔히 보인 나눔과 공유에 대한 부정적인 인식은 찾아보기 힘들었다. 선생님들은 내가 생각한 것보다 열정적이었고 학교는 훨씬 더 성장하고 성숙해지고 있음을 확인할 수 있었다. 그 자리에서 나는 또 학습공동체를 강조했다. '눈에 보이는 정책의 호불호를 보지 말고 그 정책들의 뒤에 있는 교육의 본질과 아이들에게 다가가는 철학을 파악해달라'고 했다. 어렵겠지만 함께 가자고 했다. 학교별로 상황은 다르지만 올 한해가 지나면 풍성한 사례가 만들어지리라 확신이 들었다. 고창의 사례로 '고창스타일'로 성장하는 우리 선생님과 학교가 될 수 있다는 희망을 더 키우는 시간이었다.

1학년 담임교사들은 문자지도 관련 커뮤니티를 구성하고 앞으로 공유하기로 했다는 소식을 전해왔다. 작년에 비해서 정말 빠른 행보다. 고민하고 힘들어하는 선생님들이 한 분이라도 줄어들 수 있겠다는 생각에 위로를 받는 시간이었다.

3학년 지역화 연수는 기존의 관행을 탈피하고 싶었다. 선생님들에게 직접적이고 실질적인 도움으로 연결되는 연수를 고민했다. 그래서 마을교육을 떠올렸고 우리 고창의 역사와 문화를 토대로 교육과정을 구성하도록 시간을 안배하였다. 총 9시간으로 편성하고 드디어 어제 첫 3시간을 마쳤다. 지역사회 전문가에게 학교에서 쉽게 접하고 일상 속에서 의미를 찾을 수 있는 것을 찾아서 소개해 달라고 주문했다.

이를 바탕으로 선생님들은 ① 수업할 거리를 정하고, ② 주제를 정했고, ③ 주제별 활동을 정했고, ④ 활동에 따른 성취기준을 찾아서 학습계획을 세웠고, ⑤ 프로젝트의 의도와 방향, 학습체험 계획을 발표했다. 대여섯 시간은 족히 걸릴 듯한 작업에 힘들어하지 않을까 생각했는데, 의외로 빠르게 진행되었다.

　이 연수는 장학사인 내가 담임교사가 되고 선생님들이 학생이 되어 스스로 학습계획을 세우고 학습하며 체험활동과 결과보고서까지 만들어보는 과정을 거쳤다. 물론 선생님들이 만든 학습의 결과는 각 학교의 교장선생님들에게 보내져 피드백을 받게 할 것이며, 이것을 성장평가제와 연계해서 사례를 공유할 예정이다.

　그 뒤에는… 또 그 다음에는… 어떤 스토리를 만들어갈 것인지 스스로 무척 기대되는 대목이다. 연수 끝에 이런 말을 했다.

　"교육과정과 관련된 많은 '카더라' 통신이 있어도 절대 동요하지 마시고, 고창교육의 교육과정 정책에 대한 사항 중에서 담당 장학사인 내 입을 통하지 않은 말에 대해서는 우선적으로 나에게 직접 문의해달라."

　연수를 진행하는 동안 선생님들이 정말 열심히 참여하고 있음을 느꼈다. 다른 지역 이야기를 듣고 2월에 학교교육과정을 모두 짜고 있다는 학교도 있었다. 3월부터 정상적인 수업 진행을 목표로 열심히 노력하고 있다는 선생님의 말은 표현하기 어려운 보람으로 다가왔다. 선생님과 학교의 의지가 감동적이었지만, 나는 좀 천천히 가도 좋겠다는 생각을 했다. 교사의 생각과 의도로 미리 만드는 교육과정도 좋지만, 아이들의 삶과 생활이 들어간 아이들과 함께 만드는 교육과정이기를 바랐다.

　이틀 동안의 폭풍 연수에서 내가 느낀 것을 한마디로 표현하면 '격세지감'이다. 1년 전과 비교해서 정말 많은 변화가 있었다. 평가도 그렇고 교육과정도 그렇고 나를 대해주는 선생님들의 눈빛도 달랐다. 지난 1년이 스쳐 간다. 선생님들로 인해 나는 정말 많이 성장했다. 감사할 따름이다.

한 분 한 분의. 성장을 보는 내 마음이

참…

따뜻해진다.

농부의 발걸음이 작물의 성장으로 이어지지만, 이는 작물뿐 아니라 농부의 성장과도 궤를 같이할 것이다. 나 또한 선생님들과 함께한 시간이 선생님들의 성장뿐 아니라, 장학사로서 나 자신도 성장해왔음을 다시금 깨닫는 시간이다.

2. 실천과 행정을 연결하는 장학사

2020년 가을은 안타까움과 보람이 수없이 교차한 시기였다. 심리적으로 부담을 갖기도 했고 어려움에 직면하는 상황이 자주 찾아왔다. 흔들리는 마음을 잡아준 것은 기록이었다. 생각을 냉철하게 분류하고 쪼개서 생각하고 판단하는 습관이 만들어져 있었다. 그래서인지 한편으로는 매우 스트레스받는 상황이 이어졌지만 다른 한 편에서는 장학사로서 보람과 긍지가 강화되는 시간이었다. 아래 글은 그 당시 상황을 기록한 성찰 기록이다.

J초등학교는 이번 종합평가에서 '조건부 재지정'이라는 평가를 받았다. 평가단 이야기를 듣는 동안 많은 생각이 교차했다. 이 학교의 조건부 재지정은 오랜 시간 동안의 기다림과 응원이 안타까움으로 확인된 일이었다. 지역 혁신교육의 중심이 되어야 할 학교 이미지는 없었고, 오히려 지역사회 학교들로부터 혁신학교 확산을 막고 있는 장애물로 인식되고 있었다. 심사위원들 판단은

첫째, 혁신학교로서의 실천은 매우 우수하나 혁신'학교로서 역할은 보이지 않는다.

둘째, 학교 안에 갈등 상황이 존재하고 있고 이를 극복할 학습공동체가 없어 보인다.

셋째, 지역 내 학교와 교사들의 인식이 매우 좋지 않아 보인다.

넷째, 연수원학교의 역할에 대한 인식이 부족하다 등의 평가였다.

연수원학교 운영 계획서 또한 교육지원청, 인근 학교와 전혀 협의하지 않은 채 일방적으로 작성되었음을 확인할 수 있었다. 이런 결과를 보면서 나는 몇 가지 생각을 했다.

- **그동안 수없이 많은 기회를 통해서 연수원학교 역할을 강조했으나 이에 대한 의 지가 전혀 없어 보이며**
- **그동안 혁신학교 운영에 대한 자신감으로 인해 너무 고립된 것은 아닌가?**

학교를 존중하는 차원으로 평가 결과 공문발송 전 미리 학교에 방문했다. 행정조치를 취하기 전에 미리 결과를 설명하고 도움을 주고자 방문한 자리였다. 장학사를 대하는 학교의 태도는 안타까움 그 자체였다. 어렵게 지속하는 인사지원에 대해서도 불만이었고, 우리의 행정지원 자체를 불신하고 있었다.

혁신학교에 지원되는 대표적인 것은 예산과 인사다. 교육청에서는 매년 예산확보를 위해서 도의회를 설득하는 과정도 되풀이해야 한다. 인사지원을 위해서는 매년 담당 부서와 협의하고 설득하는 과정을 거쳐야 한다. 매년 반복되는 논란을 겪으며 경험하는 스트레스를 직접 보여주고 싶은 생각이 굴뚝 같았다.

학교와 구성원들이 건강하게 성장하기 위해 존재해야 하는 리더십은 부재해보였다. 평가에 대해서 반성과 대안을 찾기보다는 '혁신 vs 비혁신'의 프레임을 만들려고 했다. 학교가 변한 것인지 아니면 원래 이런 학교였는지 알수는 없었으나 평가단의 판단이 틀리지 않았음을 확신하게 되었고, 흔들리지 않겠다는 다짐을 하는 시간이었다.

이번 일을 계기로 혁신학교 인사지원에 대한 회의감이 들었다. 하지만 벼룩 잡자고 초가삼간을 태울 수는 없는 일이다. 미리 방문하지 않고 공문으로만 처리했다면 이런 상실감까지 들지 않았겠다는 생각이 들었다. 그러나 같은 길을 가는 학교에 대한 예의가 아니라고 생각했다. 어떻게든 도움을 주고 싶다. 현재의 부작용은 시간이 해결해 주리라 생각한다.

반면, 새롭게 혁신⁺학교를 준비하고 있는 S초등학교의 상황은 달랐다. 이 학교는 광역형 혁신⁺학교를 준비하는 학교로서, 교육청에서 이 학교에 부여한 미션은 다음과 같다.

첫째, '학교 철학을 정리하라'.

둘째, 그 '결과를 교육과정(학교교과목)으로 어떻게 정리해낼 것인지 고민하라'.

미션을 수행하기 위해서 S초등학교는 학교를 거쳐 간 교사들을 찾아 인터뷰했고 결과를 정리해내고 있음을 확인했다. 구성원들은 그동안 관습적으로 행해왔던 다양한 교육과정 프로그램에 대해서 그 시작 배경과 의의를 알게 되는 시간이었고 이해가 명확해졌다고 한다.

구성원들이 차분하고 담담하게 대화하는 모습에서 자신감과 믿음이 느껴졌다. 나의 행정행위가 학교와 교사들을 어떻게 변화시킬 수 있는지, 어떤 방향으로 선한 영향력을 끼칠 수 있는지 확인하는 시간이었다.

3. 교육지원청인가 행정지원청인가?

전문직으로 살다 보면 하루가 정신없이 지나간다. 나 또한 사유하는 장학사의 삶을 다짐하며 입문했음에도 이를 지속적으로 실천하기가 무척 어려웠다. 일반적으로 전문직 입문을 위한 시험에서 학교와 교사를 지원하겠다는 맹세(?)의 기억은 쉽게 잊힌다. 대신 밀려드는 업무의 홍수 앞에서 업무 효율에만 관심이 간다. 전문직으로 근무하는 동안 이를 극복하기 위해서는 끊임없이 성찰하고 기록해야 했다. 일이 많을수록 오히려 더 시간을 내어서 성찰하는 글을 써나갔다. 글을 쓰다 보면 어느새 고민은 활자로 변해 있었고 이를 읽으면서 객관적인 시선에서 나의 상황을 관망할 수 있는 여유가 생기는 것을 알 수 있었다.
다음 글은 2015년이 거의 끝나갈 무렵에 기록한 글로, 초심을 잃지 않기 위한 몸부림이 녹아있다. 바쁘고 힘든 과정에서도 기록하고 사유하는 것을 잃지 않도록 하는 일, 자신의 성장과 업무의 효율을 높이는 길임을 고백한다.

　장학사라는 직을 수행한 지 일 년이 다 되어간다. 사유하는 장학사의 삶을 살겠다는 약속을 잘 지키지 못하는 것 같아서 씁쓸하다. 복잡한 머릿속을 정리해보자. 요즘 지원청에서 가장 역점을 두는 일은 교육과정이다. '시수는 어떻게 하며 결과는 어떻게 하라'는 식의 교육과정 참견은 하고 싶지 않다. 그 부분은 학교에서 지켜야 하는 가장 기본적인 영역이라고 생각하기 때문이다.
　교육과정 분야에서 내가 생각하는 '지원청의 역할'은 말 그대로 '지원하는 것'이다. 학교와 교사들이 교육과정을 중심에 두고 성장하도록 돕는 것이다. 이는 쉬운 일이 아니다. 컨설팅도 유명무실해졌고, 일단 학교에서 이와 관련해서 지원을 요청하지 않는다. 아니 지원해준다 해도 거절당하기 일쑤다. 학교는 교육지원청의 제안이 간섭으로 여겨지고, 관례상 장학사의 방문에 본능적으로 움츠러든다.

장학사로서 내가 가진 재량을 이용해 행·재정적으로 지원해줄 것이 많지 않으며 그럴 권한도 지극히 제한되어 있다. 지원청 장학사들은 컨설팅 영업 사원이 된 것 같고, 지원청은 지원을 청(?)하는 기관이 된 것 같다. 이런 상황에 특교 사업 등의 예산이 내려오기라도 하면 장학사들은 또다시 학교에 지원을 청(?)한다. 학교도 지원청도 불편한 상황이 지속된다.

교육과정은 단발적인 처방으로 변화되지 않는다. 컨설팅이 아무리 많아도 교사들이 움직이지 않으면 행정으로 끝나버린다. 수업방식이나 기법 중심의 컨설팅은 일부 과목을 제외하곤 효과가 크지 않다. 그래서 내 방식대로 몇 가지 원칙을 가지고 지원을 생각했다.

첫째, 교육과정, 수업, 평가가 본질에 접근하기 위해서는 교사들의 사고 전환이 반드시 필요하다.

둘째, 사고의 전환을 지원하고 실천이 동반될 수 있는 환경의 제공이 필요하다.

셋째, 실천의 과정의 개인차를 극복하고 함께 성장하도록 지원하는 시스템이 필요하다.

1. 가장 중핵적인 활동이 이루어지는 곳이 학교 또는 학년이 되어야 한다.

2. 학교가 실천하고 성찰한 결과들을 나누고 공유하는 기회가 마련되어야 한다.

3. 학교의 실천사례를 종합하고 피드백한 결과를 기록하고 나누는 과정이 뒤따라야 한다.

4. 이런 과정은 교사들 스스로 실천하는 자발적, 자생적이어야 한다.

이런 시스템이 만들어지고 자생력을 가지도록 지원하는 것이 나의 일이라는 생각에 변함이 없다. 그리고 내가 할 수 있는 일의 가장 최선은 무엇이 있을까를 심각하게 고민했다. 그래서 나는 연수라는 지원방식을 선택했다. 사고의 전환을 가져오게 하는 것도, 함께 모여서 공유를 하는 것도, 학교에서 실천하는 것도 모두 연수로 지원해주고 싶었다. 교육과정과 수업과 평가를 바라보는 안목이 방법적인 것에 매몰되지 않게 돕고 싶었다. 비슷한 고민을 하고 있는 학교와 교사들의 사례를 통해 성찰과 성장의 불씨를 지펴주고 싶었다. 지속적인 실천이 가능하도록 철학적 배경을 공급해주고 싶었다.

지난 1년간 추진했던 연수를 정리해본다.

분야 1, 학교 내 학습공동체를 지원을 위해, '학교로 찾아가는 교과 재구성 연수', '독서 수다', '강의 없이 스스로 하는 연수', '현장 지원 맞춤형 연수', '삶과 생활이 담긴 교육과정 지원 연수', '지역화 교육과정 재구성 연수' 등을 추진했다.

분야 2, 학교 밖 학습공동체를 지원하기 위해, '교육과정 동아리 지원', '기초학력 연구회 지원', '그림책·동화를 통한 문자지도 연구회 지원', '교무 연구 네트워크 연수', '교감단 네트워크 연수', '교장단 월례회 연수', '신규 새내기 교사 연수'를 진행했다.

분야 3, 인문학적 소양을 지원하기 위한 연수는 월 1회 정도로 구성했다.

결과를 속단하기 힘들고 사람마다 정도의 차이는 있지만, 선생님들은 분명히 움직이고 있다. 각자 위치에서 변화를 위해 몸부림치는 교사들이 많아지고 있다. 움직이지 않아 보여도 최소한 흐름의 방향성 정도는 알아가고 있다. 행정을 위한 실적과 성과와 형식으로 접근했다면 결코 만들어지지 못했을 결과다.

학교를 지원한다는 목적을 분명히 하기 위해서 기관의 명칭도 '지역교육청'을 '교육지원청'으로 바꿨다. 단순히 행정 처리를 지원하기 위해 명칭을 바꿨다면 장학사는 필요 없을 것이다. 지원청은 행정보다는 교육을 지원해야 한다. 그리고 장학사들은 행정을 하는 관료가 아닌 교육을 하는 교육자여야 한다. 나는 교사이고 실천가이길 소망하는 교육자이지 관료는 아니다.

4. 장학사로서 나의 몸짓은 무엇을 이끌어낼 수 있을까?

장학사의 소임 중에 가장 중요한 것은 학교를 들여다보고 선생님들과 함께하는 것이었다. 상황에 따라 다르지만, 나의 에너지를 소진하게 하는 학교도 있었고 반대로 에너지를 마음껏 충전하고 오는 학교도 있다. 아래의 글은 2020년 9월 성찰일기로, 교육과정 연구를 진행하던 학교를 방문했을 때 기록한 글이다. 나의 행위가 학교와 교사들에게 미치는 긍정적인 영향을 확인하면서 가슴이 벅찼던 경험을 적은 글이다.

이리 D초등학교에서 열린 참학력 기반 혁신교육과정 개발 연구 중간보고회에 다녀왔다. 학교 근처에 있는 카페에서 이 연구를 진행한 L교수와 선생님들이 만든 자리였다. 어떤 결과가 나왔고 어떤 진행 과정이 있었는지 궁금해졌다. 중간보고회는 연구 개발에 함께한 선생님들이 돌아가면서 그 과정에 대한 소회와 알게 된 것 등에 대해서 글을 쓰고 그것을 발표하는 시간이었다. 발표를 들으면서 몇 가지 생각이 일었다.

첫째, 형식을 만들어내려는 성향이 강해 보였고

둘째, 성취기준에 많이 얽매여있어서 다소 경직된 모습이 보였으며

셋째, 자신들의 행위에 대해서 아직까지 확신을 갖지 못하는 것이 보였다.

형식을 만들어내는 것도 중요하지만, 이 연구에서 중요한 것은 다양한 시도를 통해 교사들이 교육과정의 주체임을 드러내는 데 필요한 사례를 만들어내는 것이었다. 고정된 사고와 형식은 창의성을 제한하고 또 다른 매뉴얼이 되어 발목을 잡을 수 있다. 그럼에도 불구하고, 한 분 한 분의 발표와 사례가 깊은 울림으로 다가왔다. 교육과정을 가지고 이런 대화와 성찰을 할 수 있다는 것이 신기했고, 최초 연구기획 단계에서 설정한 목표에 근접해가는 것을 확인하는 순간이어서 더욱 의미가 있었다. 그래서 몇 가지 당부를 드렸다.

첫째, 좀 더 유연하게 사고하시라. 스스로 틀을 깨고 새로운 시도를 하면 좋겠고, 그 시도가 모여 경험이 된다. 실천을 교육과정 요소와 연계해서 설명할 수 있느냐가 중요하다.

둘째, 성취기준에 너무 얽매이지 마시라. 성취기준의 조정이 가장 큰 부담으로 다가올 수밖에 없겠으나 부담을 내려놓으셔도 된다. 이는 연구이고 실험이므로 좀 더 과감하게 실천해주시라.

셋째, '돌아가는 길'이 있을지언정 '틀린 길'은 없음을 잊지 마시라. 개선이 필요함에도 불구하고 대안이 없다는 이유로 답습하기보다는 시행착오를 겪더라도 새롭게 시도해보는 과정이 훨씬 더 낫다.

교육과정을 운영하는 것은 교사들이다. 자신들이 운영하는 교육과정을 직접 만들어야 하는 주체는 누구여야 하는가? 당연히 교사들이 되어야 한다. 지금까지 교사들이 교육과정을 만들 기회는 주어지지 않았다. 교육과정을 만들어보지 못했기 때문에 스스로 만든 것에 대한 확신이 부족하다. 그러나 실천되고 있는 교육과정은 분명 나름의 틀과 철학과 국가에서 요구하는 교육과정을 모두 담아내고 있다. 문제는 이것을 교사의 언어로 정리하고 설명해내지 못함에 있다. 교육과정 연구에 매달리고 정착시키고 싶은 이유다.

이 일을 끝까지 행하기 위해서 나는 어느 정도의 노력을 기울여야 하는가?

나의 노력은 초등교육과정을 얼마나 바꿔낼 수 있을까?

나의 작은 몸짓이 공허함으로 끝나지는 않을 것이다. 지금은 작아 보여도 나비효과가 되어 언제, 어느 순간에 폭풍으로 변할지 모른다. 그러나 폭풍을 바라지 않는다. 잔잔한 미풍이 되어 선생님들과 아이들을 웃게 할 날을 기대한다.

그래서, 나는! 한다!

5. 장학사의 마지막 소임을 마치며

다음 글은 2021년 1월, 장학사로서 주관했던 마지막 연수를 진행하고 정리하면서 기록한 글이다. 혁신학교를 지원하면서 가졌던 많은 생각과 성과들이 혁신[+]학교라는 이름으로 확산되기 시작할 때였다. 연수가 진행되는 동안 모든 학교를 순회하면서 선생님들을 만났고 취지와 의미를 말씀드리는 시간을 가졌다. 거기까지가 나에게 주어진 소임이라는 생각이 들었다. 함께 마음을 모아주신 모든 분께 감사한 마음을 전하고 싶었다.

도장학사로서 마지막 업무인 신규 혁신[+]학교 연수를 모두 다녀왔다. 이번 연수는 코로나로 인해서 집합 연수를 하지 않고 학교에서 출퇴근 형식으로 진행되기 때문에 학교를 방문해서 지원해야 했다. 물론 학교별로 멘토강사가 배치되어 진행하겠지만, 혁신학교 교사들과 함께 고민하고 다짐한 내용에 대해서 끝까지 최선을 다하는 모습을 보여주고 싶었다.

아무도 강요한 사람은 없지만 의미있는 행위라는 생각에 주저 없이 행했다. 찾아가 인사를 나누는 내내 뭉클함이 밀려왔다. 그들이 보내는 신뢰의 눈빛이 나를 버티게 한 힘이었다. 이 학교들의 공통점은, 가족과 같은 분위기를 가지고 있다는 것이었다. 서로를 바라보는 시선은 따뜻하고 깊은 유대감이 느껴졌다. 이 정도 학교문화를 만들기까지 얼마나 많은 노고와 헌신이 함께하고 있었을까? '저 대추 한 알이 저절로 붉어질 리가 없다(장석주, 「대추 한 알」라는 시가 절로 떠올랐다.

첫째, 잘하려고, 성과를 내려하지 마시라.

혁신⁺학교 운영에 대한 부담은 상당하다. 학교에 근무하게 되는 기간 또한
길다. 그래서 뭔가를 만들어내고 성과를 내는 노력 또한 상당하다. 그런데 이
런 압박이 긍정적인 결과보다는 부정적인 결과로 작용할 가능성이 크다. 그
래서, 성과와 결과에 집착하지 말고 하던 것을 조금씩 체계화하는 방향으로
노력해달라는 부탁을 드렸다. 결과에 대한 집착은 내부분열을 동반한다. 그
래서 지속성을 유지하기 어렵다. 성과와 결과에 대한 경계가 필요한 이유다.

둘째, 아이들보다는 교사의 성장에 집중해주시라.

혁신학교 정책은 새로운 시스템에 대한 실험이다. 그래서 교사 성장 프로
세스가 필요하다. 아이들을 위한다고 교사들의 헌신을 강요한다면 지속적
인 실천이 되기 어렵다. 아이들을 위하는 것의 바탕은 교사 성장이어야 한다.
아이들을 위한다고 근본을 흔드는 우를 범하면 안 된다.

셋째, 고립되지 말아달라.

혁신⁺학교는 근무 기간이 최대 10년이다. 10년은 개인의 성(城)을 쌓기에
충분한 시간이다. 그래서 개인의 성과나 학교의 성과에 집착하면 스스로 자
만해지기 쉽다. 나와 우리 학교만 잘하면 된다는 자기중심적 사고를 절대적
으로 경계해야 한다. 연수원학교의 목적은 연수 프로그램의 개설이 아니라
학교 교육과정을 일상적으로 개방하는 데 의의가 있다. 학교의 다양한 교사
성장의 기제를 교육지원청, 지역 내 학교와 연계해서 언제나 혁신의 구심점
이 되도록 해야 한다. 어떻게 그 역할을 할 것인지를 고민해달라.

지난 6년간, 나는 최선을 다하려 노력했고 실제로 내 생애 최고의 시간이
었다. 많은 사람을 만나서 성장했고, 타지역과 다른 나라의 선진교육을 경험

했다. 수렁 같은 일이 눈앞에 다가왔고, 쉽게 빠져나오기 어렵다는 것을 알았지만 그것이 나의 직무수행과 관련된 것이고 교육에 도움이 된다는 생각이 들면 한 걸음 내딛는 것을 주저하지 않았다. 선생님들에게 조금이라도 도움이 되도록 그들의 아픔을 외면하지 않으려 노력했다. 또한 직무에 대한 본질과 방향을 잃지 않으려 노력했고 이를 지켜냈다.

"장학사님이 학교로 가신다니 축하드리면서도 서운합니다. 장학사님이 혁신과에 계실 때 뭔가 존중받고 학교 편, 교사 편이신 것 같아서 정말 든든했습니다. 덕분에 학교도 저도 많이 성장할 수 있었습니다. 고맙습니다."

내가 교육청을 떠나던 날 어느 교사가 보내준 쪽지의 내용이다. 부족했던 내가 오늘의 나로 성장하기까지 나를 키운 건 9할이 선생님들의 성장이었다. 그 모습을 보는 나도 성장해가고 있음을 느낀다.

제2장. 혁신교육정책과 교사교육과정

초등의 혁신정책에서 가장 중요하게 다루어진 영역은 교육과정이었다.

수업나눔과 수업능력의 신장을 지상과제로 생각하던 학교와 교원들에게는 뜬금없는 소리로 들렸을지 모르나, 지속적인 교사들의 성장과 전문성을 생각한다면 결코 뒷전으로 미룰 수 없는 사항이었다.

교사교육과정, 교사가 마음대로 만들고 교육한다는 의미가 아니다.

교사로서 교육과정을 구성하고, 수업을 진행하는 과정을 풀어내는 교육철학서의 개념이라 할 수 있다.

'내 수업의 뿌리를 찾아서.'

교사로서 전문성을 이야기하기 위해서는, 내 수업의 성취요소와 기능과 철학에 대해서 스스로 설명할 수 있어야 한다. 나의 수업의 목표가, 어떤 교과역량에서 출발하고 있는지 알아야 하고, 교과역량과 관련한 성취기준이 무엇인지 알아야 한다.

성취기준과 학습목표에 녹아있는 성취요소는 무엇이고, 기르고자 하는 역량(기능)은 무엇인지 설명할 수 있어야 한다.

그래서 필요한 것이 '교육과정 나눔과 대화'이다.

이제는 '수업 나눔과 대화'에서 한 단계 나아간 '교육과정 나눔과 대화'다.

— 본문 중에서

제1절. 교사는 무엇으로 사는가

1. 초등교사들의 전공은 무엇이어야 하는가?

2021년 전주의 대규모 학교에 교감으로 발령을 받았다. 장학사 시절 교사교육과정 정책의 정착을 위해서 노력한 결과가 '전라북도초등교육과정 총론' 고시로 이어지기 직전의 상황에서, 이를 비판하는 사람들이 있었다. 초등교사의 사회적 지위와 교육계에서 위상을 생각하며 기록한 글이다.

초등교사의 '전공'은 무엇인가?

'초등교육'이 초등교사의 전공이다. 인사기록카드에 기록된 초등교사의 전공은 '초등교육'이다. 그러나 '초등교육'이라는 단어가 가지는 개념의 정의를 내리기는 쉽지 않다. '초등학생들을 가르치는 일', '초등 수준의 교과를 가르치는 일' 등…, '초등교육'을 전공한 초등교사들의 전공은 과연 무엇일까? 지금까지 널리 통용되고 있는 초등교육의 개념적 정의는 '교과목을 초등 수준으로 가르치는 일'이라고 할 수 있다.

산업화 시대, 지식 전수가 목표였던 당시의 상황을 이해하지 못하는 것은 아니지만, 21세기를 달리는 최근까지도 이런 인식은 크게 변하지 않은 것 같다. 초등교사의 전문성은 무엇이 되어야 하는가? 교과 교육? 생활 교육? 학생 상담? 초등교사 양성기관인 교육대학교의 교육과정은 여전히 교과 중심이다. 교수들의 분포 또한 교육과정 전공 교수와 내용 전공 교수가 반반이다. 교육과정을 전공한 분 중 초등교육 전공자들은 많지 않다. 교과 중심 교육과정으로 강의가 이루어지다 보니 예비교사들의 사고도 교과 중심 사고에 치우쳐있다(교과 교육과정이 중요하지만 모든 것을 분과로 접근하는 것 또한 바람직한 일은 아니다).

이런 논의들에 앞서, 초등교사의 정체성과 초등교육 전문성은 누가 만들어야 하는가? 개별적인 노력이 우선인가, 양성 시스템의 개선이 우선인가! 교사의 문해력 부족을 지적하고 역량을 키우는 게 중요하다면, 그 시작은 양성기관이어야 한다. 초등교사의 전문성을 이야기하려면, 초등교육 성격에 맞는 양성 프로그램이 만들어져야 하고, 교육과정을 창의적으로 적용하고 해석하도록 실천을 장려해야 한다. 양성기관에서부터 교육과정에 대한 고민이 있어야 하고 현장에서 실천해가면서 전문가가 되어야 한다.

초등교사의 전공은 '초등교육과정'이 되어야 한다. 아이들의 삶과 생활을 수업으로 연결하는 전문성, 교육내용과 교수 방법의 전문성을 넘어 '교육과정을 구성하는 전문성을 기르는 것'이 전공으로 정착되어야 한다.

2. 교육과정 문해력, 누구에게 필요한가

학교와 교사들은 교육과정 정책에 대해서 별 관심이 없다. 학자와 연구가들은 학교에서 실천되는 교육과정의 실행양상을 알지 못한다. 때가 되면 교육과정은 계속 변화하는데 현장의 실제와 정책에는 괴리감만 커간다. 이를 극복하기 위해서는 것은 현장 중심의 교육과정 정책이 필요하고, 연구자들의 연구 방식과 정책도입의 과정이 변해야 한다는 생각을 정리한 글이다.

교육과정 문해력, 교사에게 필요한 것일까? 학문가들에게 필요한 것일까? 몇 년 전부터 교육과정 문해력이라는 말을 많이 사용하고 관련 연수, 강의 등이 여기저기서 개설된다. 문해력은 문장이 가진 행간의 의미를 읽어내는 능력이다. 교사들이 그 의미를 읽어내지 못할 정도의 수준은 아니다. 몇 가지 의문점이 생겼다.

왜? 지침이나 법령을 어렵게, 현실과 동떨어지게 만들어놓고 행간을 읽어내라는 것인가?

왜? 현장과 동떨어진 채 사용되는 수사를 교사들이 이해하려고 노력해야 하는가?

왜? 실천의 경험이 담겨있지 않은 학문적 지식을 선생님들이 이해해야 하는가?

왜? 이론가들은 학교 현장을 분석하고 시대 흐름에 맞춰가려는 교사들의 노력을 인정하지 않는가?

몇 년 동안 교사들의 교육과정 실천을 위한 노력을 지켜보면서 이제는 교육과정 정책이 교사의 실천과 학교 현실을 반영하는 방향으로 전환해야 한다는 생각이다. 학교에서 통용되는 '문해력'은 교육과정을 해석하고 운영하는 안목을 이야기한다.

지금까지 교육과정 정책은 이론가들의 가설을 학교 현장에서 검증하는 형태로 진행되어왔다. 전문가 혹은 전문 관료라고 부르는 사람들이 쏟아내는 이론들에 의해 학교는 이리저리 끌려다녔다. 이론들은 무분별하게 연구학교와 시범학교, 선도학교 등의 이름으로 학교에 쏟아져 들어왔다. 학교에서는 '교육'보다 '교육을 위한 일'이 중요시되었고, 수업 잘하는 교사보다 계획서나 보고서를 잘 쓰는 교사들이 더 인정받았으며, 교실 수업의 중심에는 '아이들' 대신 '교수요목'이 기세를 떨쳤다.

앞으로 교육과정 정책은 거꾸로 가야 한다. 지금까지 하향식(Top-down)이었다면, 앞으로는 상향식(Bottom-up)으로 변해야 한다. 선생님들의 실천사례를 모아 이론적으로 분석하는 과정을 통해 키울 것은 키우고, 부족한 것은 채워가도록 안내하는 과정이 교육과정 정책수립의 프로세스가 되어야 한다. 현장 교사들의 실천을 더더욱 장려하는 방안을 마련하는 것이 교육과정의 개정 작업이 되어야 한다. 수십 년 동안 학자들의 이야기를 듣다가 실패했으니 이제는 학교와 교사들의 말도 들어봐야 하지 않은가?

학교 현장에서 이루어지고 있는 실천을 모아서 분석하여야 한다. 교육과정 총론에 핵심역량을 제시했으면 그 핵심역량이 교과 역량과 어떻게 연계되는지, 교과 역량은 성취기준과 수업목표, 평가기준에 어떻게 작용해야 하는지, 어떤 지식을 활용해서 어떤 기능을 길러내야 하는지에 대한 안내가 있어야 한다. 핵심역량, 교과별 역량, 과목별 성취요소, 기능이 수업 속에서 유기적으로 조합되고 배열되는지 먼저 규명해내야 한다.

교사들에게 '교육과정 문해력'이란 용어를 사용하려면, 정책입안자나 이론가들이 먼저 교사들의 교육과정 실행 양상과 실천 성과를 이해한 뒤에 사용해야 한다. 아무리 좋은 교육과정 정책과 아이디어가 나오더라도 그것을 수업 속에서 실현하는 것은 교사들이기 때문이다. 교사들에게 인정받을 수 있는 정책이 필요하다. 그 지름길은 현장과 연구기관의 협업에 근거하여 학교의 실천에 기반한 교육과정을 만들어가는 것이다. 그래야, 학교와 교사들이 대학과 연구기관과 학문가들과 이론가들을 존중하고 인정할 수 있다.

3. '천 개의 별' 프로젝트, 학교교과목

교육과정 운영은 교사의 역할 행동과 일치한다. 그런데 교사는 교육과정을 만들어내지 못한다. 교육과정을 만든다는 것은 무엇을 의미하고 있을까?

교육과정을 구성하고 있는 체계를 살폈다. 교과마다 약간씩의 차이는 있지만 '핵심 개념', '일반화된 지식', '내용 요소', '기능'으로 내용 체계가 되어있다. 성취기준은 내용을 구성하고 있는 요소와 기능을 결합한 것 이상도 이하도 아니었고, 공학적으로 강제로 결합해 놓은 느낌이 강했다. 결국 '수업을 통해서 기능을 향상시켜 역량을 기르라'는 것인데 역량과 기능이 수업과 연계되는 과정에 대해서는 안내가 없었다.

수업에서 반드시 길러내야만 하는 기능이 있다면 그 기능을 위한 과정적 기능과 절차적 기능 또한 많음에도 불구하고 성취기준에 제시된 기능은 매우 한정적이다. 기능을 향상시키기 위해 필요한 지식이나 가치, 태도 등에 대한 분석도 부족하다.

교육대학교와 공동으로 연구를 진행하는 목표 중 하나는 '교육과정 개발자로서의 교사'의 위상을 만들기 위함이었다. 실천가들을 성장시키고 자존감을 심어주기 위해서는 교육과정 개발자의 위상을 갖게 하는 것이 가장 큰 동기부여라고 생각했다. 학교교과목 정책은 교사교육과정[3]을 만들어내기 위한 시도에서 시작되었다.

학교에서 만들어낼 수 있는 교과목, 교사들이 개별적으로 만들어낼 수 있는 교과목, 이런 교과목들이 도교육청에 모여 수많은 학교교과목으로 안내되고, 학교에서 교과목을 활용하고 다시 만들어내는 선순환의 체제를 만들어내고 싶었다. 인공위성이 하늘에 떠서 정보를 제공해주듯 교사들의 실천과 지역의 특성을 담은 교과목들이 데이터화되어 또 다른 교사들의 실천을 돕는 모습을 상상해봤다. 각자의 학교에 맞는 교육과정을 선택하고 지역화

---

3) '교사교육과정'의 개념은 교사 개인의 철학을 정리하는 것에서 시작했다. 이는 오랜 시간 동안 실천해 온 교육과정 속 특정 교육기법이나 내용선정 등을 토대로 유사점을 찾아내어 실행의 양상을 분석하는 것에서 출발하고 있다.

하여 다시 새롭게 만들어지는 교육과정 실천을 이끌어내고 싶었다.

'천 개의 별' 프로젝트

'천 개의 별' 프로젝트는 교사의 교육과정 실천이 일상화되는 것을 의미한다. '참학력'이라는 역량을 기반으로 혁신학교의 실천 성과의 의미를 찾아보는 '참학력 기반 혁신교육과정'은 이런 아이디어에서 시작되었다. 자신의 철학을 담아낸 교육과정과 수업과 평가, 지역과 아이들의 특성이 담긴 '삶과 생활이 담긴 교육과정'의 구성과 운영, 필요할 때 언제든지 참고하고 만들어낼 수 있는 '사례의 집합체'인 학교교과목을 통해 교사들이 교육과정의 전문가로 우뚝 서기를 바라는 열정과 의지의 산물이었다.

2021년 8월 30일, 전북교육청에서 혁신정책과 교육과정 실천사례를 모아 '전라북도초등교육과정 총론'을 고시했다. 이는 전국 초등교육과정 정책에 상당한 영향을 끼쳤다. 이전까지 교육부의 지침을 학교에서 어떻게 적용할 것인가에 집중한 채 '편성 운영 지침' 중심으로 추진해오던 시도교육청의 교육과정 정책은 각자의 특성을 살려 지역별로 총론을 고시하게 되는데, 전라북도의 사례는 선구적인 조치였고, 다른 지역 교육과정 정책의 모델링이 되었다.

4. '학교자율시간': 학교교과목의 집

다음 글은 교사들의 실천이 정규 교과목이 되고, 교육청의 교육정책으로 이어지는 선순환이 이뤄지기를 바라는 마음을 담아낸 기록이다. 교사들의 실천 속에서 아이들을 성장으로 이끄는 지속적이고 선순환적인 교육정책이 추진되기를 바라는 마음을 담았다.

교육과정 학자나 전문가들은 '교사들이 교육과정을 가지고 놀 수 있어야 한다'고 말한다. '가지고 논다'는 의미는 무엇을 말하는 것일까? 교육과정 고시에 명시된 각종 지침과 교과별 성취기준을 이리저리 맞춰서 활용하고, 성취기준에 맞게 교육내용을 재구성하여 사용하는 등 교사들 각자가 가진 '교육과정' 개념에 따라 구현되는 양상은 천양지차다.

국가 교육과정의 행간을 읽어보면, 결국 '살아갈 힘'을 기르라는 것이다. 그러면, '살아갈 힘'은 어떻게 길러지는가?

1. 우선 '지식'을 쌓아야겠고

2. 문제에 맞닥뜨려서 지식과의 관계를 생각하고

3. '생각'한 것을 실천으로 옮겨 문제를 해결하는 '실행력' 또는 '문제해결력'을 길러야 할 것이다. '문제해결력'이 곧 '살아갈 힘'이지 않을까?

여기서 '문제'란 삶을 살아가면서 몸으로 부딪치는 문제를 의미하고 '문제해결력'이란 이것을 해결하는 능력을 의미한다. 지식을 쌓고, 생각하고, 문제를 해결하도록 교육하는 일은 매우 복잡한 과제다. 교육과정 정책은 아이들의 삶과 생활이 수업에 녹아들어 알차게 활용될 수 있도록 기회를 마련해야 한다. 틀을 정해놓고 그 속에서 이리저리 꿰어맞추는 방식의 교육과정 자율성에서 벗어나 학교와 지역의 몫으로 완전하게 넘겨야 한다. 이것이 앞에서 말한 교육과정 권한 배분의 핵심적인 지향이 되어야 한다.

'살아갈 힘'을 기르는 것이 중요한 목표지만, 거기까지는 못가도 최소한 아이들이 수업에 흥미를 느끼고 참여하게 만드는 것이 우선되어야 한다. 교사들이 교육과정을 만들고 소신껏 아이들을 가르치며 교육과정 개발자로서 당당하게 자리를 잡아갈 때 삶의 힘을 기르는 일(?)이 좀 더 힘을 낼 수 있다.

2022 개정교육과정으로 초등학교에서도 학교교과목이 들어갈 수 있는 공간이 생겼다. 초등학교에서 자유롭게 교과목을 개발할 수 있는 제도가 마련

된 것이다. 교사 수준에서 실천되는 각종 프로젝트, 재구성 등이 교과목의 형태로 활용되는 길이 열렸다. 그래야 '지역교과목'이든 '학교교과목'이든 실천할 수 있다. 2022 개정교육과정의 '학교자율시간'은 지역별로, 학교별로, 교사별로 다양한 교육과정이 실현되는 매우 중요한 포인트로 작용하게 될 것이다.

제2절. 교사의 교육과정 전문성: 다시 학습공동체

1. 학교 안 학습공동체, 학교 밖 학습공동체

언제부턴가 학습공동체 또는 전문적학습공동체라는 용어가 일반화되었다. 습관처럼 쓰는 용어인데 그것이 무엇인지 물으면 명쾌하게 답하는 이는 많지 않았다. 그래서 나름대로 개념적 정의를 해봤다. '전문적학습공동체'는 '전문성'+'학습'+'공동체'의 조합으로 이루어져 있다.

1. 공동체: 자신이 속해있는 학교 또는 기관

2. 학습공동체: 자신이 속해있는 집단의 목적을 위해 경험과 실천을 나누는 공동체

3. 전문적학습공동체: 공동체의 목표달성을 위해, 현재보다 한 차원 높은 단계로 성장하기 위해 노력하는 공동체

나는 일상을 나누는 공동체부터 전문성을 신장하는 공동체까지 상황에 맞는 유연한 공동체가 많이 만들어지기를 기대한다.

— 2016년 11월 성찰일기 중에서

2015년 3월, 장학사로 첫 발령을 받고 첫 번째로 추진한 임무는 학습공동체 활성화였다. 그 당시 도내 교육지원청별로 동학년 협의체를 구성하는 것이 유행했다. 동학년 협의체를 잘 운영하여 성과를 내고 의미를 만들어가는

지원청도 있었고, 다양한 노력을 하고 있지만 실제로 만족할만한 성과를 내지 못하는 지원청도 많았다.

동학년 공동체가 성공한 시군의 사례에서 성공한 원인을 찾아보면, 함께 뭔가를 계획하고 함께 수업을 진행했다는 것이다. 함께했다는 것은 공유하고 이야기를 나눌 주제가 같다는 것이고, 그 과정에서 구성원들이 서로 의지하면서 함께한다는 것이다. 이러한 교사들의 활동을 지원할 수 있는 시스템이 만들어지지 않은 상태에서 인위적으로 교사들을 모아놓고 정기적으로 만나 이야기를 나누라는 것은 자기 학교의 실적을 자랑하라는 것으로 변질될 수도 있고, 특별히 자랑할 만한 것이 없는 학교의 교사는 그 모임에 나가기 싫은 마음이 들기 쉽다.

그래서 나는 학교 밖 공동체나 협의체보다는 '학교 안 공동체'의 지원에 더 집중하는 게 낫다고 판단했다. 가끔 만나는 것보다는 일상적으로 만나서 이야기하고 사례를 나누는 등 교사들의 학교생활을 온전하게 담아내는 공동체가 필요하다고 생각했다. 시시각각 변하는 상황을 수시로 공유하고 교육과정이나 수업에 대한 아이디어를 주고받는 공동체가 필요했다.

학교 안 학습공동체가 제 기능을 발휘하려면 몇 가지 조건이 필요하다.

첫째, 지속적인 철학을 제공해주는 교사가 있어야 하고,

둘째, 일단 실천에 옮기고 난 뒤에 공유하려는 교사가 있어야 하며

셋째, 실천사례들을 묵묵히 기록하고 문제점을 찾으며 연구하는 교사가 있어야 한다.

학교 교사들을 만나고 난 뒤에 느낀 문제점은 위에서 언급한 그 조건에 맞는 학교가 별로 없었다는 데 있었다. 이런 상황에서 학교공동체의 주된 과제가 무엇이어야 하는지 생각했다. 구성원이 만족하는 교육은 교육과정과 수

업을 통해 구현되어야 했다.

교사들을 하나로 묶는 기제가 필요했다. 교육과정 동아리 등 학습공동체를 지원하면서 나의 머릿속에 또렷한 목표가 생겨났다. 중간리더 역할을 할 수 있는 교무와 연구 담당 교사들을 충분히 성장시키기 위해 노력해야 한다는 점이다. 교육과정을 기획하고 운영하는 연구와 교무의 성장은 학교 내 학습공동체를 세우게 하고, 교육과정과 수업과 평가를 변화시키는 핵심이 되며 결국 교사들의 성장을 도울 수 있기 때문이다.

2. 학습공동체, 이제는 교육과정이다

행사 중심의 교육과정 운영과 일 잘하기 위한 업무협의는 부작용을 일으킨다.

첫째, 교사들을 지치게 한다. 과도한 행사 활동을 교육과정에 편성하다 보면 교사들이 쉽게 피로감을 느낀다. 행사를 준비하다 지치는데, 이는 고스란히 수업 부실로 이어질 수밖에 없다. 교사도 사람이다. 지친 몸을 이끌고 수업 준비까지 잘할 수는 없다.

둘째, 교사들 사이의 관계성을 악화시킨다. 행사를 위해서는 기안, 품의, 물품 구입, 포장과 배치, 기타 섭외와 진행 등 행사가 종료될 때까지 눈코 뜰 새 없다. 이 과정에서 서로의 소통이 이루어지지 않으면 주관자와 협조자 사이에 의견 대립이 있을 수 있고 관계가 나빠지는 경우가 빈번하게 발생한다.

셋째, 교사들의 전문성을 성장시키지 못한다. 교사 전문성의 핵심은 수업에 있다. 행사도 수업과 연계시키도록 노력해야 한다. 그러나 이런 행사 중심 협의 문화와 교육과정 운영은 당장 앞에 놓여있는 당면 과제를 해결하는 데 급급하다.

이제는 교육과정을 중심으로 학습공동체를 만들어야 한다. 그러기 위해서는 교사들의 성장이 선행되어야 한다. 시간이 얼마나 걸릴 것인가!

— 2015년 9월 성찰일기 중에서

교육과정 대화와 교육과정 나눔의 출발점

장학사 시절 학교에 컨설팅 때마다 관리자들로부터 하소연을 많이 들었다. 예전에 비해 교사들의 자발성이 많이 떨어진다는 것이었다. 혁신정책 초기만 해도 배움과 성장의 시간을 통해서 수업을 나누고 아이들 이야기를 많이 했는데, 이제는 그것을 할 시간적 여유도 없거니와 나눔을 꺼려서 그것을 강제하기 어렵다는 말이었다.

교사들 입장에서 생각하면, 자기 수업에 대해 말하려면 수업을 공개하는 부담스러운 상황을 겪는다. 수업을 보지 않고서는 수업 대화가 불가능하다. 수업의 공개 없이 나눔이 이루어진다 해도 그 깊이가 깊지 못하다. 질적 깊이의 부재는 지속성을 어렵게 한다. 몇 차례 진행하다 보면 같은 이야기가 반복될 수밖에 없다. '뻔한 이야기'를 나누는 모임에 시간과 두뇌활동을 투자할 교사들이 몇이나 될까?

생활지도와 관련한 이야기 또한 마찬가지다. 어느 학교든 생활 교육이나 특별한 보살핌이 필요한 아이는 반드시 존재한다. 그런데 그런 아이들을 중심에 놓고 지도사례를 나누는 것 또한 수업 나눔과 같이 뻔한 스토리의 반복에 불과하게 느껴지는 것이다. 그것을 나눈다고 해도 나눔으로 인해 스스로 성장하거나 도움을 받는다는 생각 또한 크지 않다. 함께하는 솔루션의 과정이 결여되었기 때문이다. 혁신학교에서는 이런 문제를 해소하기 위해 여러 가지 프로그램 등을 함께 운영함으로써 도움을 주고받는 상황이 만들어지고 있었지만, 대부분의 학교에서 '배움과 성장의 시간'은 형식적으로 이용되거나 친목회 간식을 나누거나, 아니면 '조퇴하기 좋은 날'로 변질되고 있었다.

컨설팅을 통해 이런 상황을 직간접적으로 확인을 하면서 교사들에게 몇 가지 질문을 했다. 수업 나눔과 수업 대화 관련 질문에 다음과 같은 반응이 이어졌다.

"수업 대화를 하는 이유를 모르겠다."

"수업을 나누는 것이 부담스럽다."

"수업 대화를 해도 그 말이 그 말이고 내가 성장하고 있는지 모르겠다."

"하고 싶은 마음도 있지만, 동료들이 부담스러워할까 봐 조심스럽다."

이런 반응은 깊이있는 공감과 해결책을 이끌어내지 못했고 다음 단계의 질문으로 이어질 수 없는 분위기가 쉽게 연출되었다.

이와 반대로 교육과정 대화에 대한 반응은 달랐다.

장학사: 그럼 수업 대화보다는 교육과정 나눔과 교육과정 대화를 하시면 어떨까요?

교사 1: 교육과정으로 어떻게 대화를 나누나요?

교사 2: 그거 교육과정 재구성을 실천하라는 게 아닌가요?

장학사: 재구성을 실천할 수도 있고 이미 한 것을 가지고 이야기 나눌 수도 있고요.

교사 3: 지금도 하고 있는데요? 우리끼리 모여서 함께 교육과정 협의도 하고요, 체험학습 등에 대해서 협의하면서 진행하고 있어요.

장학사: 네, 잘하고 계신 겁니다. 그런데 그런 체험학습이 어떤 기능을 신장시키기 위해서 하는 건가요?

교사 1: 기능에 대해서는 딱히 생각해보지 못했지만, 아이들이 몸으로 학습내용을 익히는 것이 발달 단계상 좋은 것이니까요.

장학사: 네, 애쓰시네요. 그럼 그런 체험학습을 통해서 아이들이 성취해야 할 요소는 무엇이 있을까요? 가령, 지식이나, 태도, 가치에 대한 것 등에서요.

교사: 딱히 그런 것은 생각해본 적이 없는데요. 체험학습은 배운 지식을 실천해봄으로써 태도나 가치 등에 모두 작용하는 거 아닌가요?

이런 대화들을 이어갈 때 교사들의 반응은 확실히 달랐다. 눈에 생기가 생기는 게 보였고 관심을 기울이며 대화에 참여했다. 그들과의 대화 속에서 다음과 같은 생각을 했다.

- 교사들은 자신들의 전문성에 대해 혼란스럽다.
- 교육과정에 대해 알고 싶으나 잘 모르는 교사가 대부분이다.
- 교육과정에 대해서 자신이 잘 모르는 것을 남이 아는 것이 두렵다.
- 교사로서 교육과정에 대해 전문가가 되고 싶다.
- 전문가는 되고 싶지만, 너무 어렵고 험한 길일 것 같아서 시도하지 못하겠다.
- 교육과정 재구성이나 프로젝트를 하는 친구들을 보면 '넘사벽'인 것 같아 내가 작아 보인다.
- 주변에서 교육과정에 대해 이야기하는데, 교육과정에 대한 생각이 모두 다르다는 것을 느낀다.

교육과정이 교사들에게 너무 어렵게 다가가고 있음을 알 수 있었다. 매일 교육과정을 이야기하지만, 교육과정이 무엇인지 정의를 내릴 수 있는 사람은 없었다. 직책에 따라서, 연령에 따라서, 개인의 철학에 따라서 교육과정의 정의는 모두 달랐다. '교육과정'이라는 동일한 단어 속에 감춰진 수많은 개념과 실행 방식은 교육과정이 어렵다는 선입견을 심어주었고, 교육과정으로부터 멀어지게 만들었다.

뭔가 대안이 필요했다. 교육과정 개념을 가지고 옥신각신할 것이 아니라 교육과정을 매개로 학습공동체를 되살려내는 방안이 필요했다. 교육과정에 대한 개념의 정리가 필요했고, 실천된 교육과정 속에서 국가교육과정과 전북교육청이 지향하는 성취 요소와 기능에 대한 교사들의 개념화가 필요했다. 교육과정 개념에 대한 정리는 정책연구를 통해 추진되었지만, '교사교육과정'과 '학교교과목'에 대한 이해와 확산, 실천까지 가는 것은 장기적인 과제로 삼아야 했다.

그래서 단기적 해법으로 교육과정을 매개로 한 대화와 나눔을 생각했다. 수업을 주제로 한 대화와 나눔에서 한 단계 더 나아간 '교육과정 대화'와 '교육과정 나눔'이 그것이다.

3. 교육과정 나눔과 대화로 전문성을 기르자

'학교교과목' 연구가 진행되면서 이에 대한 다른 견해도 있었다. '교과목'이란 '교과'와 '과목'을 합한 것으로 교과는 '대통령시행령'에 의한 것이므로 교육감이 월권을 행사한 것이라는 주장도 있었다. 또한 현행 제도상 초등학교에서의 과목 개설은 가능하지 않음을 지적하기도 했다. 모두 일리 있고 타당한 주장이었다. 부작용을 최소화할 수 있도록 방안을 마련하기 위해 사업부서와 긴밀하게 협업했다.

'학교교과목' 정책은 '학교자율시간'으로 이어졌고 초등교육과정 역사에 큰 획을 그을 것으로 보인다. 이제는 정책이 현장에서 잘 뿌리내리도록 지원이 필요한 시기다. 아직 학교교과목 정책의 본질을 정확하게 이해하는 관계자들은 많지 않다. 오히려 다음과 같은 이유를 들어 불가함을 주장하고 있다.

첫째, 교육과정의 조직과 체제에 대해서 전문성을 가진 교사들이 부족하다.

둘째, 내용 구성과 성취기준 사이의 엄밀성이 부족하다.

셋째, 성취구성 요소와 기능과의 관계와 활용 역량이 부족하다.

넷째, 전문적 학습공동체를 통해 구현해야 하나 이를 충족하는 학교가 부족하다.

이런 문제를 해결하기 위해서 '교육과정 대화' 또는 '교육과정 나눔'을 확산하는 정책과 지원을 제안한다. 수업을 통한 학습공동체의 성장은 그 한계에 다다랐다. 이제는 교육과정을 가지고 이야기를 나누고 그 속에 숨어있는 각종 성취 요소와 기능 등에 대해 이야기해야 할 필요성이 있다. 수업과정 속 각각의 활동 속에 담겨있는 성취 요소가 무엇인지를 확인해가는 과정이 필요하다. 활동을 분석해서 중핵적으로 기르고자 하는 기능이 무엇이며, 이를 지원하는 절차적, 과정적 기능은 또한 무엇인지 분석하고 의견을 나누는 작업이 필요하다. 교육청과 관련 기관, 부서에서는 이런 학교 운영을 지원하는 정책과 연수 시스템이 필요하다.

'교육과정 전문성을 갖는다'는 것이 의미하는 것은 무엇일까? 내가 생각하는 교육과정 전문성은 '자신이 실천한 교육과정에 대해서 이론적·실천적으로 설명할 수 있어야 한다'이다. 내용을 구성했으면 왜 그런 내용으로 구성했는지 설명할 수 있어야 한다. 활동을 구성했으면 그 활동 속에 어떤 성취 요소가 어떻게 구성되어 있는지 말이나 글로 표현할 수 있어야 한다. 추구하고자 하는 중핵적인 기능과 그 기능을 위한 과정적 절차적 기능이 무엇인지에 대해서 설명할 수 있어야 한다.

'기능'에 대한 자기 개념화 또한 필수적으로 동반되어야 한다. 사람의 생각이나 경험에 따라서 '기능'이 가진 해석의 범위가 매우 크기 때문이다. 각자 개념화에 따른 정의는 다를지라도, 그것이 왜 그렇게 개념화되었는지에 대해서 성취 요소(지식, 기능, 가치, 태도, 실천)와 연계하여 설명할 수 있는 능력이 필요하다. 자기의 실천에 대해 설명하고 설득할 수 있을 때, '학교교과목'은 교사교육과정으로 다시 태어날 수 있을 것이다.

II

교육지원청 장학사,
혁신교육 정책을
실천하다

제1장. 질문과 직면

나는 그들에게 "내가 당신과 늘 함께하고 어려움을 잊지 않겠습니다"라는 메시지를 지속적으로 보냈고, 그들은 나의 그런 노력에 화답하듯 많은 연수와 워크숍을 함께하면서 성장해갔다. 이후로 나의 컨설팅 일지는 동료 장학사는 물론 나 스스로에게 보물창고가 되었다. 컨설팅하며 축적된 교사들의 특징을 기록한 데이터 덕분인지 업무의 효율이 몰라보게 달라졌다. 무엇보다 보람된 것은 나의 진정성있는 태도에 선생님들이 응답하기 시작했다는 것이다.

교육청은 정책으로 현장의 요구와 필요에 부응해야 한다고 본다. 전문직은 현장의 소리를 주의 깊게 들으면서 정책을 수행해야 한다. 때때로 이때 발생할 수 있는 냉소적인 눈빛과도 직면하고 이겨내야 한다. 감정적 대응이 아닌 정책과 지원을 통해 냉소를 미소로 바꿔내야 하는 것이 전문직의 자릿값이라는 생각이다. 고창에서의 경험으로 나는 '우문현답' "우리들의 문제는 현장에 답이 있다"는 표현의 의미를 몸소 알아가며 성장할 수 있었다.

— 본문 중에서

제1절. 질문하는 장학사

부안교육지원청 장학사가 던진 '가르치는 것'에 관한 본질적 질문은 내가 가진 학교와 교육에 대한 시각을 넓혀주고 새로운 길을 찾게 했다. 관련 도서를 읽고 의미있다고 생각되는 것들을 선생님들과 실천하고 결과를 나누기 시작했다.

'민주주의 국가, 민주시민을 양성하는 학교에 근무하는 우리 학교문화는 민주적인가,' '나는 민주적인 삶을 살고 있는가,' '학교는 공교육을 하는 기관인데 공공성이 어떻게 구현되고 있는가' 등의 질문을 계속했다. 선생님들과 하나씩 실천하고 결과를 나누면서, 나도 동료들도 아이들도 성장하고 있음을 느꼈다.

공부하고 실천하는 과정은 교사로서 뿌듯한 성장의 시간이었다. 업무와 성과 중심의 학교문화는 아이들과 수업 중심의 학교문화로 변해갔고, 교사와 아이들의 얼굴에는 웃음이 살아났다. 학부모의 눈에서 학교를 향한 신뢰가 생겼고, 학교는 지역사회와 함께하는 교육기관으로 변해갔다. 교사들의 전유물이던 교육활동은 학부모·지역사회와 함께하는 교육활동으로 변해갔다. 교사들의 진정성 있는 실천은 관리자의 신뢰로 이어져 교사들의 자존감을 높였고 심리적 여유를 갖게 했다. 이런 교사들의 열정은 아이들의 학력과 성장으로 고스란히 이어졌다. 질문의 답을 찾아가는 시간이 나를 성장시킨 것이다.

'교육의 본질은 무엇일까?'

'학교의 중심에 무엇이 있어야 할까?'

'교사들의 성장을 어떻게 이끌어낼 수 있을까?'

'교사 성장의 걸림돌은 무엇이 있는가?'

장학사의 질문이 교사를 움직이게 할 수 있으며, 교사들의 실천과 민주적인 학교문화가 지역사회와 함께 아이들을 돌보고 성장하는 선순환을 가져올 수 있다는 경험을 한 시간이었다. 이후 나는 지역 장학사 역할을 새롭게 인식하였고 전문직의 꿈을 꾸게 되었다. 전문직을 준비하며 학교에서 실천한 것을 교육지원청의 실천으로 확대하고, 지역의 교육생태계를 변화시킬 수 있다는 희망에 가슴이 벅차기도 했다. 지역의 교육과 변화될 학교문화를 상상하는 시간의 연속이었다.

2015년 3월, 고창교육지원청 장학사로 발령을 받았다. 원하던 지역이 아니어서 아쉬웠지만, 경험을 쌓고 돌아와도 좋다는 생각이 들었다. 발령 후 교육지원과장으로부터 첫 임무를 부여받았다. 관내 교사동아리를 활성화하라는 내용이었다. 교육지원과장은 고창지역 특성상 시골 학교에 고립되어 지내는 교사들을 위해 다양한 형태의 활동을 통해 학습공동체를 지원해야 한다는 생각이었다. 의도와 지향에 공감했으나 그 자리에서 확답을 드릴 수 없었다. 교사로 근무할 당시, 다양한 동아리 모임을 지켜봤지만, 지속성에 한계가 있었다. 몇 가지 전제조건이 충족되어야 하는데, 조건들이 성숙하지 않았다는 판단이 들었다. 무엇보다 나는 고창을 잘 몰랐다.

"아직 때가 아니라고 생각합니다. 이것을 위해서는 몇 가지 전제조건이 있는데 아직 충족되었다고 확신할 수 없습니다. 또한 제가 아직 고창을 모릅니다. 저한테 시간을 주시면 고창에 맞는 정책을 찾아보겠습니다."

나는 모든 학교와 지역을 다 돌아보며 지역에 대한 이해를 높여야겠다고 생각했다. 지역의 교사들을 모두 만나고 싶었고 지역의 생태적 문화적 특징을 모두 이해하고 파악하려는 계획을 세웠고 실행에 옮겼다.

당시에 '장학사들이 되도록 학교에 안 가는 것이 학교를 돕는 것'이라는 인식이 강했다. 학교는 장학사의 방문이 부담이었고 장학사도 학교 방문을 꺼렸다. 마땅한 구실을 만들어야만 했다. 우선, 내가 담당한 업무를 바탕으로, 각 학교 분야별 컨설팅 계획을 수립했다. 이렇게 시작된 학교 컨설팅은 수많은 억측과 비난을 동반했고 마음의 상처도 받았지만, 동료들 응원 덕에 무사히 마칠 수 있었다.

컨설팅 이후 내 생각에는 많은 변화가 있었다. 우선, 학교현장을 들여다보며 문제 해결 방식의 유연함을 생각했다. 새로운 것을 시작할 때는 타지역의 성공사례보다 우리 지역 선생님들 생각과 의견부터 확인하는 습관이 이때부터 생겼다. 정말 좋은 사례가 있어 벤치마킹할 때면 지역 선생님들에게 설명하고 지역에 맞게 적용했다. 이런 일련의 과정을 거치면서, 상급자를 대할 때 나의 대답은 다음과 같은 멘트가 습관처럼 붙어 나왔다.

"생각(고려)해보겠습니다."
"참고하겠습니다."
"의견을 수렴해보겠습니다."
"어떻게든 방법을 찾도록 고민해보겠습니다."

제2절. '우문현답', 당신의 어려움을 외면하지 않겠습니다

　전문직 생활의 어려운 것 중 하나는 학교를 방문하는 일이었다. 학교마다 혁신정책의 경험치가 쌓여갈수록, 혁신철학의 실천으로 무장한 교사들이 많아질수록 학교를 방문하는 장학사들의 마음은 무거웠다. 교사들의 의식 수준이 향상하고 민주적 학교문화가 보편화되면서 전문직들의 입지가 좁아져 가는 것이 눈에 보였다.

　장학사가 실천 경험과 이론으로 무장하지 않고서는 학교 선생님들과 현장감 있는 토론과 컨설팅을 하기 어려웠다. 나는 컨설팅 날짜가 잡히면 학교 홈페이지를 방문하여 선생님들의 현황을 파악하고, 당일에는 태블릿과 키보드를 챙겼다. 선생님들의 말을 빠짐없이 기록했다. 기록을 공유하고 공유한 것을 바탕으로 학교를 혁신해가는 방법을 몸으로 가르쳐 드리고 싶었다.

학교 방문 컨설팅을 하는 과정은 다음과 같다.

1. **전 교사들이 함께 '돌려가며 말하기'를 통해 자기소개를 하고 대화를 진행한다.**
2. **교사 각자의 고민에 대해 성찰할 수 있는 질문을 제시했다. 질문을 던지고 학교구성원이 함께 고민하고 토론함으로써 전문성의 신장을 꾀하였다.**
3. **컨설팅이 끝난 후, 선생님들 각자의 발언과 장학사의 피드백을 파일로 정리하여 공유했다.**

4. 학교별 발언록은 각 학교 담당 전문직들이 공유하여 학교를 지원하기 위한 기초자료로 삼았다.

이러한 나의 행위는 한 달도 채 되지 않아서, 관리자들 사이에서 불만의 소리가 되어 있음을 알게 되었다. 말도 안 되는 내용이라 생각하는 말들이 떠돌아 다녔다.

1. 장학사가 새로 와서 선생님들을 취조하듯 질문하고 파악해간다.
2. 교장, 교감들을 가르치려고 한다.
3. 학교의 현황을 파악해서 윗선에 보고하려고 조사한다.

억울함이 컸지만, 한편으로 나의 문제점을 되새겨봤다. 학교에서 선생님들을 만난 것을 순서대로 나열해보며, 더 자세히 복기해봤다.

1. 학교에 가서 교장, 교감선생님들을 만나 뵙고 인사를 드리며, 컨설팅 협의에 함께하실 것인지를 물었고, 지정된 장소에서 모든 선생님들과 둘러앉아 이야기를 들었다.
2. 선생님들의 고민이나 어려움을 듣고 한 마디도 놓치지 않으려고 기록했으며
3. 선생님들의 사고 전환이 필요한 내용이 있으면 성찰적 질문을 던졌다.
4. 교육청으로 들어와서 녹음한 것을 전사하고, 다시 편집하고 교육청의 정책을 추가했으며
5. 학교 전체 교직원에게 대화록을 보내서 공유했다.

아무리 생각해도 나는 잘못한 것이 없었다. 시간이 지난 뒤에 처음으로 간 학교부터 대화록을 다시 읽어보면서 문제점을 찾아냈다.

첫째, 고창의 선생님들과 나는 라포가 없었다. 그런데 처음 보자마자 자판

을 꺼내고 두드리는 모습이 좋아 보이지는 않았을 것이다.

둘째, 내 마음가짐의 문제이다. 그 당시 나는 부정했지만 얼마 지나지 않아서 생각해보니 교사들을 가르치려는 생각이 기저에 자리 잡고 있다는 생각이 들었다. 자만심이었다.

나의 행동을 교사들 입장에서 생각해보면, 자신의 이야기를 일방적으로 전달하고 가르치려는 듯한 발언을 하는 장학사에 불과했다. 미숙하고 어리석은 행위였다. 그래도 포기할 수 없었다. 비난을 받더라도 모든 학교를 다 돌아봐야겠다는 오기가 생겼다. 진행과정의 미숙함에서 비롯된 것이지 행위 자체가 문제가 되는 것은 아니라고 생각했다. 지속적으로 노력하면 언젠가는 나의 진심을 알아줄 것이라는 믿음을 버리지 않았다.

그렇게 시간이 흘러갔고 5월 말이 되어 순회 컨설팅을 마무리했다. 컨설팅 결과를 최종적으로 학교에 피드백했다. 그것이 나에게 시간을 내어준 교사들에 대한 장학사로서 도리라고 생각했다. 그들의 어려움과 하소연을 듣고도 업무에만 이용하는 도덕적 결례를 범해서는 안 된다고 생각했다.

보고서를 작성하는 동안 동료 장학사들과 과장, 교육장에 이르기까지 여러 차례에 걸쳐 내용을 세밀하게 조정하였다. 내용에 대한 설명을 추가하였고 각각의 어려움에 대한 조치사항 들을 빼곡하게 정리해나갔다. 이렇게 정리된 컨설팅 보고서를 학교로 보냈다. 이제는 선생님들의 부름에 내가 응답할 차례가 왔음을 인식했다. 나의 응답은 끊임없이 진행된 교육과정 관련 연수와 학습공동체 지원을 위한 노력으로 구체화 되었고, 고창의 선생님들과 함께 성장하는 중요한 밑거름으로 작용했다.

"저도 신규교사로서 고민하고 있다. 생활지도 면에서도 얼마나 포용적이어야 하고, 단호하려면 어느 선까지 단호해야 하는가를 두고 갈등하고 있다. 수학 교과 면에서도 고민되는 것이 아이들이 어느 정도 사교육을 받아서 진도를 따라오는 아이가 있는가 하면 부진한 학생들이 있다. 진도를 따라오기 힘든 애들이 있는데, 어떤 식으로 모두를 끌고 갈 수 있을까? 고민이다. 어느 정도 선에서 그것을 해야 할지."
질문 - 선생님께 드릴 질문은, 아이들을 바라보는 데 있어서 선생님이 끌고 가야 할 존재인지, 아니면 아이 스스로 일어서서 갈수록 지원해야 할 존재인지 생각해 주세요.

— 2015. 3. 28일. B초등학교 컨설팅에서 M교사와의 대화 내용에서 발췌

"지난번에 장학사님이 '아이들이 끌고 가야 할 존재인지 스스로 성장하도록 지원해야 할 존재인지 생각해 보라'고 하셨는데, 교사는 아이들 각자 가진 능력을 지원하는 존재라는 생각이 들었습니다. 그런데 나 자신을 생각해보면 내가 그럴만한 능력이 있는 존재인지, 나한테 그게 가능한 말인지 의심이 들었습니다. 아이들 마음에 다가가려고 하는데 아이들을 존중해줘야 영향이 있겠구나…, 라고 노력하긴 하는데 많은 아쉬움이 남습니다."

— 2015. 4. 23. B초교에서 진행된 독서토론 과정에서 M교사의 성찰적 발언에서 발췌

이렇게 지역의 거의 모든 초등교사를 만난 뒤 나는 자신감이 생겨났다. 선생님들과 사진을 찍어서 시간이 날 때마다 사진과 이름을 대조해가면서 얼굴을 외웠다. 어느 학교에 근무하며, 몇 학년 담임하고, 맡은 업무는 뭐고, 경력이 몇 년이고 등등, 선생님들의 모든 것이 머릿속에 그려졌다. 선생님들이 교육청에 방문하면 내가 먼저 일어나서 방문한 교사의 이름을 부르고 담당 장학사에게 소개했다. 교육청이 어려워 쭈뼛거리며 방문하는 교사들에게 내가 할 수 있는 가장 간단한 피드백이었다.

나는 그들에게 **"내가 당신과 늘 함께하고 어려움을 잊지 않겠습니다"**라는 메시지를 지속적으로 보냈고, 그들은 나의 그런 노력에 화답하듯 많은 연수와 워크숍을 함께하면서 성장해갔다. 이후로 나의 컨설팅 일지는 동료 장학사는 물론 나 스스로에게 보물창고가 되었다. 컨설팅하며 축적된 교사들의 특징을 기록한 데이터 덕분인지 업무효율이 몰라보게 달라졌다. 무엇보다 보람된 것은 나의 진정성있는 마음에 선생님들이 응답하기 시작했다는 것이다.

교육청은 정책으로 현장의 요구와 필요에 부응해야 한다고 본다. 전문직은 현장의 소리를 주의 깊게 들으면서 정책을 수행해야 한다. 때때로 이때 직면하는 냉소적인 눈빛도 이겨내야 한다. 감정적 대응이 아닌 정책과 지원을 통해 냉소를 미소로 바꿔내야 하는 것이 전문직의 자릿값이라고 생각한다. 고창에서의 경험으로 나는 '우문현답' **"우리들의 문제는 현장에 답이 있다"**는 표현의 의미를 몸소 알아가며 성장할 수 있었다.

제3절. 직면은 기록에서 시작된다

다음 글은 2018년 3기 혁신정책 입안 과정에서 가졌던 두려움, 심란함 등의 생각들을 어떻게 이겨내고 있는가를 보여주는 글이다. 동력을 잃어가는 혁신정책을 다시 세우고, 혁신학교를 혁신해야 한다는 비판의 여론에 맞서 발버둥치던 시절 내 역할과 소명에 대해 생각하고 쓴 글이다. 이 기록을 통해 생각이 정리되었고 문제의식을 지속할 수 있었다.

최근 나를 지배하고 있는 의식을 키운 건 '직면'이다. 외면하고 싶었던 아픈 상처들, 그냥 모른 체하고 싶었던 많은 상황에 어쩔 수 없이 직면하게 만든 시간이 있었다. 마음이 쓰이고 끌리는 것들을 애써 외면한 시간이 있었다. 어쩌면 부끄러움을 느끼는 것조차 부끄러워서 아예 생각 자체를 하지 않으려 현실도피를 꾀한 적도 있었다.

거부하고 싶었지만 현실 앞에 서 있을 수밖에 없었다. 한 번 발을 담그면 빠져나오기 힘든 수렁이라는 것을 뻔히 알면서도 그 한 발을 내디딜 수밖에 없던 상황들이 눈에 선하다. 이미 한 발을 내디딘 순간부터 '왜?'라는 질문은 사치가 되었다. 그 수렁을 헤치고 앞으로 나가야 하는 또 다른 현실이 나를 기다리고 있었다. 그 속에서 허우적거리는 날이 계속되었지만, 육체적 피로와는 달리 마음은 상쾌했다.

나를 바로 알고 드러난 문제를 내 문제로 삼는 것, 어느 순간 나는 나를 둘러싼 문제에 직면하는 것을 두려워만 할 수 없었다. 두려웠지만 누군가는 해야 할 일이었고 그 역할을 해야 하는 자리에 있는 나의 몫이라고 생각했다. 나의 문제가 되어버린 현실은 또 다른 과제들을 쉴 새 없이 가져다주었다. 그때마다 포기하고 싶고 수많은 회의와 의심이 파고들었다. 이때 나를 잡아준 것은 '기록의 시간'이었다. 떠오르는 생각과 후회와 아쉬움을 틈나는 대로 글로 표현하기 시작했다.

신기하게 글을 쓸수록 복잡하던 머릿속은 명료해졌다. 엉켜있던 개념과 생각의 찌꺼기들과 고민의 파편들이 신기할 만큼 각자 자리에 들어가서 자리 잡고 있었다. 실천의 과정과 결과를 정리하면서, 허전함과 갈증을 풀어줄 수 있는 것들을 갈망했다.

제2장. 민주적 학교문화는 왜? 중요한가

컨설팅을 마치고 학교에 분석보고서를 보냈다.

이후 한동안 후폭풍에 시달렸다. 고창 현실을 잘 모르는 장학사가 와서 학교를 이간질하고 이상한 공문을 계속해서 보낸다는 내용이었다.

심지어 "특정 교원노조의 골수가 와서 지역의 학교문화를 흐린다"라는 노골적인 비난도 함께 동반되었다.

무엇이라도 해야만 했다. 시위를 떠난 화살은 알 수 없는 목적지로 날아갔고, 나는 화살이 만들어내는 파장 속으로 들어가야 했다.

비난과 공격을 잠재우는 방법은 꾸준하고 뚝심있는 실천이라고 생각했다.

― 본문 중에서

제1절. 민주성과 학교문화

1. 컨설팅 결과

> 1. 관리자는 교사를 위하려는 마음이 크고, 교사들은 열심히 하려는 의욕이 있으나 서로 소통하는 방법에 대한 이견이 있음.
> 2. 교사들에게 무조건 위임하기보다 함께 협의에 참여해서, 민주적 절차에 의한 의견제시를 통해 서로의 생각을 알고 공유하는 것이 필요함.
> 3. 관리자는 스스로 민주적이라고 생각하고 있는 경향이 많음
> 4. 교사들은 열 번 중 한 번만 의견이 묵살되어도 상처를 받음
> 5. 저경력 교사들이 많아 의사 표현에 어려움이 큼

학교 문화 관련 컨설팅 결과

고창에서 처음 실행한 컨설팅은 지역 학교들의 문화를 깊게 이해하는 기회가 되었다. 컨설팅 보고서를 작성할 때 나의 선입견을 최대한 배제하고 있는 그대로를 기록하는 데 집중했다. 학교는 혁신정책으로 인해 민주적 학교문화의 필요성에 대해서는 인식하고 있었으나 실천적 경험의 부재로 인해 여러 제약과 문제점이 보였다.

관리자들은 학교구성원이 행복하고 즐겁게 지내는 것을 바랐고 교사들도 관리자의 의도와 마음을 모르지 않았다. 학교에서 의사결정은 법적으로 관

리자의 고유한 권한이다. 결정에 따른 책임도 져야 한다. 그런데 교육청에서 민주적으로 학교를 운영하라고 강조하다 보니, 어떤 학교의 관리자들은 무조건 교사들에게 위임하는 것이 민주적이라 생각하고 있었다. 어찌보면 자포자기 같았다.

일부 학교 교사들은 학교의 의사결정에 의도적으로 관리자를 배제하려는 경향도 보였다. 그리고 '무조건 교사들이 하고 싶은 대로 할 수 있다'고 생각하는 듯했다. 이런 현상은 각자에게 주어진 권한 안에서 신뢰의 프로세스가 형성되지 않은 상태에서 아슬아슬한 외줄 타기를 하는 것처럼 보였다. 구성원들을 돕기 위해 장학사로서 무엇이라도 해야만 했다.

2. 독서수다: 책으로 소통하고 성장하다

학교구성원들이 자연스럽게 소통할 방법을 고민한 결과 '경험'에서 문제 해결의 실마리를 찾았다. 모두가 소통의 중요성을 이야기하고 있지만, 필요한 곳에서의 소통은 드물었다. 소통이 필요했지만 강요할 수는 없었다. 소통이 필요하다는 것에 모두가 동의했지만 어떻게 하는 것인지를 모르는 학교가 많았다. 특정 주제를 가지고 교사들이 서로 편안하게 이야기하는 여건을 만들어주고 싶었다. 누구나 편하게 말할 기회를 주고 서로의 생각에 공감하고 이해하는 과정을 경험하도록 돕고 싶었다.

특정한 주제로 소통하는 것의 으뜸은 '독서토론'이었다. 하지만 '토론'이라는 단어가 주는 느낌으로 인해 부담을 느끼는 사람이 많았다. 토론하느라고 시간 낭비하는 그 시간에 수업 준비를 더 하는 게 좋다는 사람도 있었다. 그래서 생각한 게 친숙한 용어로 바꾸는 것이었다. 사람들이 쉽게 만나서 이야기하는 자리를 만들어주는 것, 책을 매개로 해서 자신의 이야기를 하는 것,

선생님들의 교실 속 이야기, 그들이 가진 경험 속 감정들을 공유하며 소통하기 위해서는 친숙한 이름이 필요했다.

책을 가지고 모여서 수다를 떠는 방법을 고민한 끝에 독서토론 지원사업의 이름을 '독서수다'로 정하고 다음과 같은 원칙을 세웠다.

1. 최대한 많은 학교에 독서수다를 지원한다.

2. 중간 리더교사의 양성을 위해 멘토교사는 고창의 교사들로 선정한다.

3. 멘토강사는 자체 연수를 통해 양성하며, 활동을 통해 성장하는 기회로 삼게 한다.

4. 참여 교사와 멘토들은 종료 후에 성찰 글을 제출한다.

독서수다는 총 17개 학교에 지원되었고, 그중 10개 학교에는 멘토강사도 함께 지원했다. 멘토 강사는 교무연구 담당교사 중에서 혁신정책에 적극적이고 포용적인 성향을 지닌 선생님들을 선정하였다. 이들의 성장을 위해 예행연습이 필요했다. 관내 교감선생님 중 한 분을 강사로 위촉하여 멘토 교사들과 독서수다를 준비했다. 몇 번의 연수로 멘토강사 역량을 갖출 수는 없었지만, 책을 읽고 수다를 이끌어갈 마음의 준비와 소통의 경험을 통해 방법을 익혀갔으면 하는 바람이 컸다.

독서수다가 진행되면서 속속 도착하는 선생님들의 성찰문은 장학사로서 느끼는 큰 보람이었다. '독서수다'라는 지원사업이 가진 본질적인 질문에 대해 선생님들은 성찰문으로 응답했다. 형식과 절차보다 교사들을 성장시키기 위한 실질적인 지원과 구체적인 실행이 성과를 거둔 알토란 같은 시간이었다.

제2절. 학교문화와 교사 성장의 인과관계

학교라는 공동체는 생물과 같다. 공동체의 문화적 특성에 따라서 교사들의 직무 태도는 달라진다. 공동체 문화는 수업에도 직·간접적으로 영향을 미치고, 교사들의 성장을 견인해낼 수 있지만, 직무수행의 전 과정을 체크하고 평가하는 방식만으로는 교육적 결과를 끌어내기 어렵다. 학교는 사람들로 구성된 기관이고 이들의 관계는 학교 조직 운영에 큰 영향을 미치기 때문이다.

1. 효율성을 추구한 학교에서의 경험

> 사례 1: A교사는 대규모 학교에서 연구학교와 교육과정 담당, 학교의 행사를 맡아서 추진했다. 학교의 행사는 A교사를 통해서 추진되어 A교사는 가중되는 업무로 매우 힘들어하고 있었다. 그러나 자신의 희생과 노력으로 다른 동료들이 조금이라도 부담을 덜 수 있어야 한다는 생각에 밤잠을 설치면서 일하고 결과를 직원협의 시간에 안내하는 등 모든 행사를 추진했다.

'사례 1'의 A교사는 책임감이 매우 강하다. '개인은 조직이 필요할 때 희생해도 된다'는 생각을 하고 있고 '싫은 소리를 듣더라도 학교와 조직에 도움이 된다면 이를 감수하고서라도 자신에게 주어진 업(사)무를 수행해야 한다'는 가치관을 따르고 있다. 그러나 이를 바라보는 동료 교사들 시선은 차이가 있다.

동료교사 1: "A선생님은 능력이 정말 탁월하신 것 같아요. 그런데, 저 선생님처럼 학교생활을 하라고 하면 못할 것 같아요. 또 모든 것을 정해서 일괄적으로 알려주고 명령하고 지시하는 것은 정말 마음에 들지 않아요. 교장선생님이나 다른 분들도 학교에 무슨 일이 있을 때는 A선생님만 바라보고, 그 선생님이 기획하는 대로 모든 일이 이루어지고 있죠."

동료교사 2: "우리도 기회가 되면 충분히 잘할 수 있는데 소수의 몇몇 교사 위주로 학교가 돌아가다 보니 소외감을 느낍니다. 우리의 생각이 무슨 소용이 있나요? 그분들은 그렇게 살고 우리는 우리 방식대로 살려고요. 교장선생님의 생각을 모르는 바는 아니지만, 일방적으로 추진하는 것을 보면 반감이 들고 별로 함께하고픈 마음이 없습니다."

'동료교사 1'은 A교사의 주도로 이루어지는 학교 운영의 의사결정 과정에서 배제되고 주어진 대로 따라야 하는 보통의 교사들 마음을 대변하고 있다. 특정 교사의 능력과 방향성에 대해서는 인정하고 동의하면서도 의사결정 과정에서 자신들이 배제된 것에 대해 문제의식을 직접적으로 표출하고 있다. '동료교사 2'는 A교사의 능력이나 성과 등에 대해서도 인정하지 못하며, 자신들이 의사결정 과정에서 배제되는 것에 대한 반감을 드러내고 있다. 이와 동시에 관리자와 A교사에게 적대감을 갖고 있어 개인주의적 성향을 내세우며 학교생활을 하고 있다.

2. 형식주의를 차용한 민주적 의사결정 과정

학교를 옮긴 A교사는 이전 학교에서의 아픔과 경험을 바탕으로 학교 업(사)무를 추진하면서 교사 전원에게 그 역할을 분담했다. 교사회 협의를 통해 진행된 일에 이전 학교와는 다른 교사들의 반응을 경험하게 된다.

> 사례2: A초등학교에서 교무업무 외에 연구학교를 기획하면서 각각의 연구학교
> 일을 선생님들과 협의하며 추진하고 있다. 교사들 일각에서는 이런 불평과
> 불만들이 생긴다. "예전에는 연구부장이 척척 알아서 짜주고 우리는 따라가면
> 됐는데, 하나부터 열까지 생각을 묻고 회의를 하니 답답하기도 하고 짜증이
> 난다." 덕분에 이 학교의 연구학교 업무는 다른 학교에 비해서 진행되는 속도가
> 느리다. 그렇지만 담당교사는 교사들의 협의를 매우 소중하게 생각한다. 그것이
> 더이상 동료들로부터 상처받지 않으려는 자기방어의 수단이 되었다.

사례 2에 대한 교사들의 반응은 다음과 같다.

동료교사 1: 학교의 일을 하는 데 있어, 학급에서 진도 나가기도 바쁘고 수업을 준비하기도 바쁜데 연구학교 일을 매번 모여 회의를 하니 너무 힘들다. 그냥 연구부장이 어느 정도 가이드라인을 정해서 알려주고 교사들은 그에 따라 비슷하게 가면 되는데, 너무 일을 힘들게 하는 게 아닌지 모르겠다.

동료교사 2 : 회의를 많이 하는 것은 정말 익숙하지 않아서 싫지만, 우리의 의견이 조금씩 반영되고 함께 참여할 수 있어서 나의 말과 행동에 좀 더 책임을 느낀다.

'사례 2'는 '사례 1'에서 상처받은 A교사가 학교를 옮기고 난 뒤 업무 스타일을 변화시킴으로써 발생한 사례이다. 이에 대한 동료 교사들의 반응은 함께 만들어가는 문화에 대한 귀찮음과 번거로움 등 거부감과 익숙하지 않은 것에 대한 이질감을 엿볼 수 있다. '동료교사 1'은 기존의 방식에 익숙한 교사이다. 평상시 협조적인 태도를 보이며 무엇이든 도우려는 마음을 가지고 있지만, 새로운 방식에 대해 다소 비효율성을 강조하는 경향을 보인다. '동료교사 2'는 자신들의 참여를 통해 이루어지는 교육과정의 기획과 운영에 대해 상당히 자부심을 느끼고 있다. 기존 운영 방식에 가졌던 불만스러운 점들을

조금씩 바꿔나가는 것에 대해 긍정적인 생각을 하고 있다.

3. 의사결정 시스템 정착과정에 있는 학교에서의 경험

A교사는 형식적이나마 교사 전원이 함께 참여하는 의사결정 과정을 도입
하고 실현해나가는 과정에서 교사들의 참여가 보장되는 학교의 협의 문화에
대한 효과성을 확인하고 이를 교육과정과 수업 등에 활용하고자 했다.

> 사례 3: A초등학교는 매주 수요일 4교시가 되면 전 교사들이 모인다. 함께
> 모여서 수업나눔을 진행했고 독서토론 등을 정례화했다. 대신 직원협의나
> 연수가 별도로 없다. 회의를 부담스러워하던 교사들은 수업과 교육과정 협의를
> 위해 자발적으로 참여했고, 교육과정 운영을 위한 서로의 아이디어를 아낌없이
> 나누게 되었다. 교육과정 운영을 수시로 협의하다 보니 학교의 운영에까지
> 속속들이 공유하게 되었고, 교육과정과 수업 속에서 역할수행에 대한 해답을
> 찾고 함께함으로써 학교운영이 원활하게 되었다.

'사례 3'은 '사례 2'에서 진화한 학교 운영의 양상으로 교사들의 반응은 다
음과 같다.

교사 1: 정규 수업시간을 이용해 협의와 연수를 진행하다 보니 방과 후 수업 준비
에 대한 부담이 없다. 모든 행사와 업무를 브레인스토밍 식의 교사 협의를 통해
진행하다 보니 업무분장도 필요 없고 효율이 높아졌다.

교사 2: 혼자서 기획하고 업무분장을 할 때는 다른 사람들의 시선을 의식해서 새
로운 시도를 하지 못했었다. 그래서 예년의 자료를 일자만 바꿔 그대로 사용하곤
했다. '이건 아닌데'라는 생각이 들기도 했지만 어쩔 수 없었다. 모든 교사가 함께
하면서 그런 게 없어졌다. 기존의 관행을 답습하기보다는 서로 앞을 다퉈서 새로
운 아이디어를 만들어내는 모습에서 내가 살아있음을 느낄 때도 있었다.

'사례 3'에 대한 관리자의 생각은

교장: 지금까지 살아오면서 이렇게 마음이 편하고 즐거운 적은 없었던 것 같다. 교장으로서 아이들과 선생님들에게 뭔가 해줘야 할 것 같은 의무감에 사로잡혀서 마음이 무거웠는데, 선생님들이 하나가 되어 최선을 다하는 모습이 정말 아름답게 생각된다. 교사들이 잘할 수 있을까? 늘 걱정하고 믿음을 갖기가 어려웠는데, 서로 생각을 모으고 함께 도우며 교육활동을 하는 모습을 보면서 '내가 할 수 있는 최선의 일'은 선생님들을 신뢰하고 지지해주는 일이라는 것을 새삼 깨닫는다.

'사례 1'을 겪은 뒤 학교에서 상처받지 않기 위한 A교사의 각성과 자각은 '사례 2'와 '사례 3'을 거치면서 온전하게 치유되고 회복하는 계기가 되었다. 협의 문화에서 시작된 A교사와 동료들의 노력은 내실있는 교육과정 운영으로 이어졌고 건강한 학교공동체를 만드는 결정적 요인으로 작용하였다. 결국, 민주적인 학교문화의 실천이 '학교는 교육과정을 운영해야 한다'는 기본에 다가가는 중요한 기제임을 보여주는 사례가 되었다.

제3절. 민주적 학교문화와 교사 전문성

1. 교육과정 개정과 학교의 모습

제7차 교육과정에 이르기까지 우리의 교육과정은 내용중심으로 산업화 시대에 필요한 산업역군을 만들어내는 것이 주된 목적이었다. 교수 기술이나 학습 모형은 연구학교나 시범학교에서 검증을 거쳐 일반화되었고 교사들은 수업 연구를 통해 자기를 단련해야 했다. 2009개정교육과정은 기능론적 관점에서 벗어나 정보화, 미래사회에서 요구되는 창의성을 기르려는 방향으로 지향점과 중심축을 설정했다. 학교에서는 이러한 정책의 변화를 반영하여 교육과정 운영체제를 전환해야 했다.

컨설팅을 진행하면서 알게 된 사실은 교육과정 변화를 전혀 인지하지 못하는 교사가 많았다는 것이다. 수십 년 동안 지속해온 교과서 중심 수업에 익숙한 교사들에게 성취기준이나 자율권 등의 말은 문서에만 존재하는 언어에 불과했다.

2. 성취기준 중심 수업과 교육과정 혁신정책

나는 교육과정에 제시된 성취기준은 교사들과 아이들에게 수업의 방향을 제시해 줄 수 있다고 보았다. 교사만의 수업이 아닌 아이들이 수업의 주체가 되도록 하고 있다. 초창기 전북 혁신정책에서는 이런 노력을 '배움 중심' 또는 '아이 중심' 수업이라고 했다. 그리고 이러한 수업을 나누는 일을 '아이 중심 수업 보기' 또는 '배움 중심 수업 보기'라 했다.

교사와 학생의 요구에 의한 '경험적 지식' 중심의 교육과정 운영은, '교사들에게 교육과정과 수업의 주도권을 빼앗겼다'고 생각하는 관리자들과 혁신학교에 반대하는 사람들에게 비판의 근거가 되었다. 교육지원청 장학사로서 교육부 교육과정 정책의 변화가 시도되고 있음을 학교구성원들에게 이해시켜야 했고, 교사들의 학습공동체를 통한 교육과정 성장사례 발굴이 필요했다.

3. 수업과 평가에 대한 교사들의 고민과 도전(A초등학교 월별 교육과정 평가회 대화)

구분	협의 내용
2학년 담임 교사	받아 올림과 내림을 해야 하는 이유를 찾게 하고 설명하도록 시도해봤는데, 개인별로 그 학습의 속도 차이가 많이 났다. 빠른 아이는 금방 이해했으나 어떤 아이는 6시간이 넘게 걸렸다. 6시간을 기다리는 시간 동안 교사로서 고민을 반복했다. 아이들이 서로 협력하도록 독려하였고, 일찍 끝낸 아이 몇 명이 늦게 하는 아이에게 지속적으로 가르치고 도움을 주려는 모습을 봤고, 끝내 그 아이는 이해하게 되었다. 그런데 신기한 일은 6시간 동안 고생한 그 아이가 다음 단계의 학습을 할 때는 속도가 굉장히 빨라졌음을 알 수 있었다. 진도 때문에 그냥 지나갔다면 그런 효과가 나지 않았을 것 같다. 이 아이는 평소에 산만하고 아이들과 마찰을 많이 일으키는 아이였다. 그래서 많이 힘든 아이였는데, 아이들과 협력하고 도와주는 과정이 생활지도에도 영향을 미친 것인지 아이들과 다투는 횟수도 거의 없어졌다. 단원 평가는 서술형 대신 설명하는 것으로 대체할 수 있었다. 아이들 스스로 가르치는 모습과 서로 문제를 출제하고 설명하는 모습은 굳이 서술형으로 쓸 필요가 없었다.
동료 교사의 피드백	동료 1: 굳이 단원별로 평가를 실시하지 않아도 될 것 같다. 모든 단원을 다 할 필요는 없고 제재별 내용과 성격에 따라서 관찰형이든 실습형이든 그에 맞는 평가를 하면 되지 않을까 한다. 동료 2: 아직도 평가에 대해서 뭔가 결과를 가지고 있어야 한다는 강박관념이 자리잡고 있다. 내가 볼 때 아이는 알고 있다고 판단이 되는데도, 학부모에게 보여줘야 할 것이 있어야 한다는 생각에 조금 찝찝하다.

A학교에서 이루어진 월별 교육과정 평가회는 교사들이 학습공동체를 통하여 어떻게 성장하고 있는지를 보여주고 있다. 초창기부터 권장된 월별 교육과정 평가회에서 교사들은 동료들과의 대화와 나눔을 통해서 스스로 부족한 부분을 채워나가기도 하고, 동료 교사의 좋은 경험을 나누기도 하면서 성장하고 있었다. 민주적인 학교문화로서 학습공동체는 교사 전문성을 신장시키고 있었다.

제4절. 연수, 성찰, 그리고 성장

각 지역에는 교장단, 교감단 등 연수와 친목을 겸하는 모임이 조직되어 있는데, 정례적인 만남 속에서 서로 정보를 교환하거나 업무 도움을 주고받는다. 이런 메커니즘을 활용해서 연수를 기획했다. 연수 구성은 관리자의 교육과정 리더십 신장과 교육환경 변화를 이해하는 전문성 강화로 잡았다. 같은 처지에 있는 사람들, 같은 고민을 안고 살아가는 구성원들이 공동체를 통해 함께 성장하기를 바랐다.

그 시절 전북교육연수원에서는 현장 지원 맞춤형 연수를 적극적으로 지원하고 있었다. 간단한 서식에 따라 신청만 하면 지원청에서 연수를 개설할 수 있었는데, 연수원의 적극적인 지원은 누구나 원하는 지역과 장소에서 질 높은 연수를 받을 수 있다는 장점이 있었다.

연수강사로는 우리나라 관료조직의 폐쇄성에 대해 지적하고 소통을 강조하는 최○○ 교수, 『학교는 왜 불행한가』를 비롯해서 불행시리즈 3편의 저자인 (전)○○고 J교장, 『교육과정에 돌직구를 던져라』 저자인 정○○ 교사, 그리고 나를 포함한 장학사 두 명을 배치했다. 다음은 당시 연수의 후기를 보며 성찰한 기록이다.

첫날 강의는 수평적 리더십에 대한 것이었다, 사실 개인적으로는 교사들과 그렇게(수평적으로) 대한다고 막연하게 생각했는데, 실제로 강의를 들으며 나 역시 수직적 리더십을 가지고 있다는 사실을 알게 되었다. (중략) 무엇보다 스위스의 정치 제도를 통해 수상은 수직적 윗사람이 아니라 맡은 업무가 다른 수평적 관계라는 점이 무척이나 나의 마음을 설레게 했다. 사실 그때부터 교감 연수에 대한 깊은 기대감이 생기기 시작했고 지속적으로 질문을 던졌다.

— ○○초 교감 ○○○

이번 연수의 가장 큰 배움은 3강이었다. 정○○ 선생님의 교육과정에 대한 여러 가지 이야기를 들으면서 중요한 사실 하나를 알게 되었다. 이번 교감 연수의 가장 큰 테마는 아마도 소통일 듯하다. 그러나 개인적으로는 이 소통의 대상이 교사가 아니라 학생이라는 점을 새롭게 '가슴으로' 알게 되었다는 점이다.

— ○○초 교감 ○○○

마지막 연수는 내가 진행했다. 그동안 각 학교의 컨설팅 내용을 교감들과 진솔하게 나누고자 나름대로 치열하게 준비했다. 그러나 과유불급! 아무리 지향하는 것이 맞다고 할지라도 접근하는 방식에 대한 속도나 수위 조절이 필요함을 실감하는 시간이었다. 아니 정확하게 말해서 나의 부족함과 한계를 또다시 절감한 시간이었다.

컨설팅 결과에 대해 지적하고 싶은 점 하나는 관리자에 대한 부정적인 견해다. 두 시간도 안 되는 짧은 시간 동안 교장 혹은 관리자들에 대한 언급을 대여섯 번 이상 했는데, 한 번도 긍정적인 표현은 없었다. 당연히 '교장이나 관리자를 부정적으로 보는구나'하는 판단이 들었다. 문제는 소통을 강조하는 교육청 장학사의 발언으로는 조금 아쉬운 대목이다. 왜냐하면 그런 부정적인 인식은 자연스레 소통의

한 주체를 부정적으로 보게 하여 소통 자체를 어렵게 할 여지가 충분하기 때문이다. 그래서 간곡하게 부탁하건대, 교사들 앞에서만큼은 이런 부정적인 인식을 노출하지 않았으면 하는 것이다.

이번 컨설팅 결과를 보면서 담당 장학사의 열정과 노력을 볼 수 있었다. 문제는 이러한 컨설팅의 결과를 바탕으로 결과에 맞는 대처 방안(연수 등과 같은 지원방안)이 나와야 한다고 본다. 이번 컨설팅 결과의 핵심은 두 가지이다. 하나는 교장과 교사 간 소통의 문제이고 또 하나는 교사들의 전문성 부족이다. 그렇다면 거기에 맞는 연수를 계획하고 지원해야 한다고 본다. 그런 면에서 컨설팅의 내용만큼이나 좋은 지원이 나올 거라 기대감이 가득하다.

— ○○초 교감 ○○○

소감문을 정리하면서 스스로 많이 반성하였다. 교감선생님들 앞에서 잘난 체를 하려고 하지는 않았는지 반문했다. 앞으로 해야 할 일들에 집중하다 보니 관리자들에 대한 부정적인 견해만 나타낸 것은 아닌지 되돌아보게 되었다. 날카로운 지적과 함께 대안을 제시해준 선생님께 감사함을 느꼈다.

제3장. 모든 정책은 교육과정으로 구현된다

나의 판단 착오와 시행착오도 선생님들의 성장을 이끌어낼 수 있음을 확인하는 순간이었고 부끄러움과 동시에 또 하나의 깨달음으로 깊게 각인됐다.

이후 나는 '실패한 교육과정은 없다'는 생각을 하게 되었다. 아이들과 어른의 사고체계가 다르긴 하지만, 나의 성장 과정을 생각해볼 때 '돌아가는 길'은 있어도 '틀린 길'은 없다는 생각이 들었고, 교사의 행위와는 관계없이 아이들 스스로 배움을 찾아가는 잠재적 배움이 있음을 알 수 있었다.

— 본문 중에서

제1절. 수업과 교육과정에 질문하다

1. 컨설팅 결과

> 1. 관리자 중 일부는 과목별 수업모형에 대한 애착이 크고, 수업단계별 정형화된 기법과 행동주의에 입각한 평가의 개념이 있어야 한다고 생각한다.
> 2. 교사들은 교사 개인의 수업 행위에 대한 평가보다는 수업을 통해 아이들이 교육과정 목표에 접근하고 있는지에 관심이 많음.
> ☞일괄적인 수업공개와 사후 협의를 통한 수업개선보다는, 아이를 이해하고 아이를 바라보는 시각을 넓힘으로써 수업과 교육과정의 질을 높여가는 방식의 컨설팅 필요.

교육과정은 교사들에게 생명과도 같다. 자신의 교육 행위를 정당화시켜주는 강력한 수단이며 평생을 교사로 살아가며 갖는 '교사 효능감'의 근거라 할 수 있다. 그러나 전문적이지 못한 교육과정 수행은 교사로서 자기 존재를 위협하는 양날의 검이 되기도 한다.

교육과정 관련 컨설팅 결과를 분석하면 교육철학에 따른 궁극적인 목적을 인식함에 있어 관리자와 교사의 다른 관점이 존재했다. 수업이 교사에게 가장 중요한 종합예술이라는 생각이 폭넓게 자리하고 있었지만, 수업 공개를 통해 전문성(수업 방법이나 기술)을 향상시켜야 한다는 생각은 교사들에게 부담으로 작용하고 있었다.

컨설팅을 마치고, 이와 관련해서 몇 가지 성찰적 질문을 던져봤다.

① 교사에게 꼭 필요한 수업의 기술은 있는 것일까?

② 동기유발의 단계나 전개 과정에서 반드시 사용되어야 하는 요소들이 있는 것일까?

③ 정해진 시종 시간은 반드시 지켜져야 하는가?

④ 아이와 주고받는 수업대화는 훈련이 필요한가? 이해가 필요한가?

⑤ 수업자에 대한 직접적인 가르침은 수업자를 성장시키는 데 도움을 주는가?

컨설팅을 마친 뒤 위의 질문들에 대해 성찰하면서, 나는 교사의 전문성이 수업기술에만 있는 것이 아니라 아이에 대한 이해와 교육과정의 구성과 운영에 있을 것이라고 생각했다. 나아가 학교별 교육과정 재구성 연수를 여러 방향에서 검토하고 기획하였다.

2. 삶과 생활이 담긴 교육과정을 지원하다

교사들은 자신들의 교육철학[4]을 발휘하는 경험을 통해 성장하고 존재감을 찾는다. 우리는 선생님이 되려고 마음먹은 순간부터 교사로서 교육활동을 상상하고 꿈을 키워간다. 그러나 발령 후 학교의 현실은 상상과 다르다. 컨설팅 이후 선생님들과 교류가 많아지면서 그들 마음속 깊은 이야기들을 들을 수 있었다. "말로는 교육과정에 상상력을 더하라고 하면서 왜 지원은 없느냐", "뭘 해보려고 해도 돈이 없는데 어떻게 하느냐"는 말이었다. 교육과정 전문성과 창의적인 교육과정 운영을 지속적으로 독려해왔는데 그것을 지원하지 못하는 행정에 대한 불만이 여기저기서 생긴 것이다. 학교의 실정을 모

---

4) 특정한 이념이나 진영논리가 아닌 교사로서 하고 싶은 교육활동을 통칭하는 말

르고 너무 생각만 앞서간 나를 성찰하게 했다.

나는 장학사로서 내가 교육지원청에서 사용할 수 있는 예산을 모두 확인해야 했다. 필수 연수 예산은 놔두고 사업예산은 모두 학교를 직접 지원하는 방법을 택했다. 그 후 '교육을 상상하고 실천하기를 원하는 학교 또는 교사에게 전폭적인 지원하겠다'는 내용을 담아 지원 계획을 수립했다. '삶과 생활이 담긴 교육과정'이 가진 의미는 분명했다. '교육과정과 수업 속에 아이들과 교사들의 삶을 담아내라'는 것이었다. 삶을 담아내기 위해 아이들의 삶을 이해하고 분석하고, 교사들의 삶을 담아내기 위해 스스로 교육관을 정리하고 궁리하라는 의도를 담았다.

교육청의 지원 내용을 담아 학교로 안내했다.

① 운영비 지출은 지원청에서 할 테니 학교에서는 계획서만 간단하게 써달라.

② 학교에서 물품 선정하고 구입(활동) 장소를 지정하면 지원청에서 직접 결제한다.

③ 성과 보고서는 교사의 성찰 글과 활동사진으로 대신하며, 발표 등을 강요하지 않는다.

이 정도 조건이면 하고자 하는 학교가 있을 것으로 생각했다. 공문을 발송했지만, 신청한 학교는 하나도 없었다. 장학사들은 공문으로 교사들과 '대화(?)'를 시도하지만, 공문 속에 모든 내용과 의도를 담지는 못한다. 교사 입장에서 '공문'은 '업무와 일'이었기 때문이다. 여기서 멈출 수는 없었다. 다시 교사들 속으로 들어갔다.

교육과정 동아리 활동을 하던 회원들에게 상황을 공유하고 참여 의사를 타진했다. 발품을 팔아가며 각 학교 교장선생님을 찾아뵈었다. 의도와 지향을 설명하고 교사들이 용기를 낼 수 있도록 독려해주십사 부탁드렸다. 이런 과정을 거쳐 지원을 시작했다. 선생님들의 상상력은 다양했다. 아이들과 함께 자전거를 대여해서 지역과 마을을 구석구석 탐방하고 마을 지도를 그리는 활동을 하는 학교도 있었고, 마을의 어른들과 함께 벼를 재배하여 수확하고 떡과 양갱, 두부 등을 만들어 동네잔치를 하는 학교도 생겨났다.

교육청에서 직접 단위 학교의 교육과정 운영비를 지출하는 일에 대해서 회의적인 의견도 있었다. 교육청의 권위가 떨어질 수 있고, 장학사의 업무 부담이 가중되는 위험성을 걱정하는 의견도 있었다. 그러나 나는 그 또한 장학사로서 감당해야 할 자릿값이라고 생각했다. 교사들이 교육청의 학교 지원정책을 이해하고, 교육청과 심리적 거리를 좁히기 위해서 교사와 학교로 다가가는 일은 장학사가 해야 할 필수적인 일이라 생각했다.

3. 인문학에서 교육과정을 보다: 2015 고창교육 아카데미

컨설팅 후, 수렴된 학교의 어려움을 해소하기 위해서는 힐링과 성장의 기회를 동시에 제공해야 했다. 연수를 기획하기 위해 컨설팅 대화록을 검토했고, 학교구성원들이 가진 문제의식과 어려움 등을 분석했다. 그중에서 가장 많이 언급된 이야기는 '아이들이 수업에 흥미가 없다'는 것이었다.

내가 할 수 있는 일은 '컨설팅과 연수를 지원하는 것'밖에 없었다. 선생님들과 협업을 통해 프로그램을 구성했고, 전북교육연수원과 협업하며 적절한 전문가들을 강사로 위촉했다. 학교 관리자들에게 관련 내용을 소개하고, 각 학교의 선생님들이 많이 참여할 수 있도록 협조를 구했다. 단위학교 교무, 연구 담당 교사들에게도 개별적으로 연수 프로그램을 공유하며 이에 대한 의견을 청취했고, 희망하는 강사를 추천받기도 했다. 이렇게 '2015 고창교육 아카데미'는 시작되었다.

프로그램은 ① 심리극을 통한 교사 치유, ② 발도르프 교육 실천 사례, ③

그림과 움직임을 통한 심리치료, ④ 아이들은 놀이가 밥이다 등 4가지 프로그램으로 총 5주간에 걸쳐 진행되었다. 모든 프로그램이 좋았지만, 심리극과 놀이연수는 가장 좋은 피드백을 받았다. 교사 중에는 아이들과 함께 뛰어놀면서 관계를 맺고 싶다는 분들이 많았다. 아이들과 함께하기를 원하는 교사들을 위해 아이들과 함께 놀며 아이들의 삶속으로 깊게 들어가는 기회를 주고 싶었다.

연수 프로그램은 여러 차례에 걸쳐 다양한 주체들의 의견을 바탕으로 구성되었는데 의견수렴 과정은 연수에 대한 홍보 효과까지 거둘 수 있었다. 연수 신청 당일, 신청 마감까지 한 시간이 채 걸리지 않았다. 선착순이라서 다 포함할 수 없었지만, 참여를 원하는 교사들이 많았다. "진심이 통하고 있구나!" 그동안 쉽게 일 처리를 하지 않고 끊임없이 의견을 묻고, 답이 없더라도 실망하지 않고 함께 가려고 노력한 결과가 이렇게 나타나고 있음을 느꼈다. 이렇게 만들어진 연수에 선생님들 150여 명이 저녁과 주말을 반납하며 참여하였다.

고창교육아카데미는 교육과정과는 직접 연관성을 가지고 있지 않았다. 다만 교육과정 곳곳에 스며들어 아이들을 이해하고 함께하는 철학적 기초를 제공하고자 주력했다. 즐겁게 참여하는 교사들을 보며 교육과정 상상력으로 이어지기를 간절히 바랐다.

제2절. 협업과 상상력, 학교를 춤추게 한다

1. 교육과정 워크숍: 멍석을 까는 데도 디테일이 필요하다

나는 학교운영에 있어서 교육과정 워크숍의 중요성을 매우 강조한다. 학년말이나 새학년을 준비하는 워크숍에 진심을 다한다. 워크숍을 통해 학교운영의 상당 부분을 덜어내거나 기준을 세워야만 불필요한 협의와 시행착오를 줄일 수 있기 때문이다. 면도날 같이 세워진 학교철학은 많은 행사와 사업들을 걸러낼 수 있고 방향성을 잃지 않게 해주는 기준이 된다.

"이런 교육과정이 무슨 의미가 있는가."

혁신정책이 도입되기 전, 신학년도를 준비하는 교사들에게 학교(년)교육과정 편성은 때가 되면 하는 통과의례였다. 학급 담임들은 시수 맞추고 창의적 체험활동 행사를 잘 배열하는 것을 학교교육과정으로 여겼다. 이때 교육과정 업무를 수행하면서 스스로에게 질문한 적이 많았다.

혁신정책 도입 이후, 나는 학교에서 교육과정에 의미있는 변화를 시도했다. 그중 하나는 교육과정 워크숍을 통해 교육의 본질을 방해할 것으로 보이는 '행사를 위한 행사'를 모두 수업과 연계해서 추진한 것이다.

장학사가 된 후 컨설팅 결과, 몇몇 혁신학교의 교육과정은 슬림해져 있었다. 이런 사례를 나누는 기회를 위해서 학교의 교육과정 워크숍과 '철학 세우기 실습 연수'를 지원했다. 교육과정(행사)을 덜어내는 경험을 제공하고 싶었다. 교육과정 동아리 선생님들은 서로 만나 학교 교육과정에 대해 이야기했다. 정보를 주고받으면서 그들의 생각이 포괄적이고 유연해지고 있음을 알 수 있었다. 그렇게 서로 만나게 하는 것만으로도 교사들은 성장하고 있음을 알아가면서 내 직무수행 방법에 대한 확신이 조금씩 생겨났다.

선생님들끼리 자주 만나게 하면서 학교 단위로 교육과정을 세워보는 작업을 독려해야겠다는 생각을 동아리 회원들과 나눴다. 교육과정 동아리 회원들과 철학 세우기 연수를 계획했다. 철학 세우기 연수는 8개 학교에서 100명 정도의 선생님들이 참여했다. 2시간 동안 강의와 사례발표를 하고 한 시간 동안 학교의 철학 세우기를 실습하고 발표하였다.

최소한 그들의 입에서 학교의 교육과정(교육계획)이 무엇이고 어떻게 만들어야 하는지 모르겠다는 말은 나오지 않을 것 같았다. 교육과정(계획)은 캐비닛 속 잠자는 공주가 아닌 우리와 함께 호흡하고 협업하는 친구가 되는 경험을 하기를 바랐다.

워크숍 연수 이후 지속적으로 학교 철학 세우기에 대한 문의가 들어왔다. 이러한 성장의 욕구는 교사들이 주도하는 고창교육의 성장으로 이어지고 있음을 알았다. 앎과 실천의 주체가 내가 아닌 교사를 향해있음을 자각하면서 이런 고민과 실천을 하는 나 자신이 성장하고 있음을 깨닫는 시간이었다.

2. 교육과정 상상 워크숍: 교사의 실수도 아이들에게는 배움의 기회다

장학사로서 직무를 수행하면서 가장 기억에 남는 연수가 있다면 '교육과정에 상상을 더하다, 교무연구 워크숍'이었다. 예산 목록을 보니 '우수 교원 워크숍 지원'이라는 예산이 있었다. 해마다 학교에서 애쓰는 교무연구 선생님들을 위한 1박 2일 워크숍에 사용되는 예산이었다. 우수 교원은 누구이고 우수 교원이 아닌 선생님들은 또 누구인가? 우수 교원을 별도로 구별해야만 하는가에 대한 회의감이 생겼다.

2015년 6월, 교육과정 동아리 정례 모임을 마치고 몇몇 후배들에게 나의 고민을 얘기했다. 이런저런 대화가 오고 갔다. 그러다 선생님 한 분이 이렇게 제안했다.

"장학사님! 워크숍 한다고 맨날 어디 들어가서 회의만 하지 말게요. 시원한 KTX 타고 서울 가서 맛있는 것도 먹고 재밌는 것도 구경하고 오면 어떨까요?"

처음 그 말을 들었을 때는 으레 그렇듯이 '괜찮은 생각'이라고 생각했다. 그런데 선생님들과 헤어지고 난 뒤 계속 그 말이 귓가에 맴돌았다. '그 상상을 현실화시킬 방안은 없을까?', '늘 상상력을 발휘하라고 말해왔는데 이 아이디어를 잘 살리면 상상력을 자극하는 데 도움이 될 수 있지 않을까?'에 생각이 미치자 머릿속이 복잡해졌다.

"문화체험과 교육과정을 어떻게 연계해야 하는 것일까!"
"워크숍은 연수의 영역인데 이런 행위가 도덕성을 위협하는 것은 아닐까!"
"상상력이 꼭 교육과정으로 이어지지 않을 수도 있는데 그런 기회비용을 감수해도 되는가!"
"상상과 문화와 교육의 연결고리가 있어야 하는데 어떻게 연결해야 할까!"
"워크숍의 경험이 교사와 학교의 성장으로 이어지기 위해서는 어떤 디테일이 필요할까?"

시간이 흐를수록 부정적 생각보다 '한 번 해보자'라는 생각의 크기가 더 커졌다. 고민 끝에 계획의 초안을 만들어서 최초 보고를 했다. 행정절차와 예산 사용의 어려움으로 실행이 어려울 것으로 생각하고 있었는데 교육장의 반응은 의외였다. 좋은 아이디어라면서 "적극 추진하라"고 했다. 사실 속으로 "거절하면 좋겠다"라는 마음이 없지 않았으나 흔쾌하게 승낙하니 무조건 해야 하는 과제가 되었다.

헤어나지 못할 수렁 아닌 수렁임을 알면서도 겁 없이 한 걸음을 내디딘 무모함의 과정은 준비부터 결과 처리에 이르기까지 어느 것 하나 쉽지 않았다. 워크숍에 사용할 수 있는 예산의 목록과 금액 등을 확인하고 곧바로 아이디어 회의를 시작했다.

이렇게 한 교사의 아이디어에서 시작한 워크숍은 여러 가지 변수와 우려의 목소리에도 불구하고 실행되었고 긍정적인 효과를 불러왔다. 워크숍의 특징을 몇 개로 정리해보면

1. **정해진 일정 테두리를 최소화했다(출발시간, 2일차 사례발표).**
2. **교육청에서는 교통비(왕복KTX) 제공하고 서울에 숙소를 예약했다.**
3. **개인별로 식사비와 문화체험비를 현금으로 지급했고**
4. **개인 일정에 따라서 내려오는 차표는 개인의 희망을 받아서 모두 별도로 교육청에서 예매했다.**
5. **프로그램은 팀별로 구성하되, 가이드라인만 제시했다**
6. **문화체험에 필요한 티켓은 개인별로 예매했다.**

준비를 모두 마치고 우여곡절 끝에 정읍역 대합실에 모여 출발했다. 개인별 봉투에 현금과 차량 티켓, 숙소 배정표, 연락처를 넣고 복귀 시간을 하나씩 확인하며 주의사항과 함께 배부했다. 열차에 올라서 선생님들에게 말했다.

오늘 주제는 '함께 만드는 우리 학교, 교육과정에 상상을 더하다'입니다. 여기서 말하는 '우리 학교'는 전라북도교육청 정책인 '함께 만드는 우리 학교'입니다. 학교에서 교육과정을 기획하고 운영하실 때, 학교구성원 모두가 함께 머리를 맞대고 상상력을 발휘해주시라는 의미로 워크숍을 준비했으니 내일까지 마음껏 상상력을 발휘하셔서 일정을 소화해 주시기 바랍니다.

스스로 기획하고 체험하고 느끼면서, 학교의 교육과정을 기획하고 운영하실 때 관행대로 답습하지 않고 상상력을 발휘하는 학교를 만들어주세요.

동료들은 나의 업무 기획력과 생각이 기발하고 아이디어가 좋다고 칭찬했지만, 사실은 그렇지 않다. 아이디어도 후배 교사의 제안이었다. 농담 반 진담 반으로 툭 던진 선생님의 말을 구체화하여 워크숍을 진행하게 되었다. 나의 기획안에 대해 한순간의 망설임도 없이 "굿 아이디어"를 외쳤던 리더의 지원도 컸다.

어찌 보면 이 워크숍은 위험부담이 큰 행사였다. 세부적인 일정이나 계획이 없이 진행되는 워크숍이 있을 수 있단 말인가? 요즘같이 안전과 각종 사고가 많은 시기에 선생님들이 개별활동을 하다가 혹시라도 발생할지 모르는 사고는 어떻게 할 것인가? 그러나 교육장은 '교육과정에 상상을 더하다'라는 기획 취지와 철학적 지향점을 꿰뚫고 지원을 아끼지 않았다.

2015년의 워크숍은 폭발적인 반응과 함께 성공적으로 마무리되었지만 2016년의 워크숍은 내게 다른 차원의 깨달음을 가져다주었다. 2015년 사례에서 내가 가졌던 안타까움은 선생님들의 문화체험비가 너무 적은 것이었다. 문화체험비를 조금이라도 더 지원하고자 2016년 워크숍은 버스를 임차하여 출발하였다. 그런데 출발일이 금요일이고 비까지 많이 내렸다. 고속도로는 극심한 정체가 이어졌고 이미 예약해놓은 문화행사 시간이 촉박해지자

마음이 급해지기 시작했다.

인솔하는 내내 얼마나 마음을 졸이고 발을 동동 굴렀는지 모른다. 나의 친절한 의도는 오히려 선생님들의 어려움으로 변했다. 다행히 분임별로 정해진 일정을 마무리했다. 다음날 다 함께 모인 자리에서 나의 과오에 대해 솔직한 마음을 전하고 사과했다. 그러나 선생님들의 생각은 달랐다. 이런 워크숍을 추진하는 교육지원청에 자부심을 느낀다는 선생님들이 많았다. 일정이 지체되어 당황했으나 그것을 극복하는 과정 또한 다른 차원의 깨달음을 얻는 기회였다는 피드백을 받았다.

"교사들도 실수를 많이 한다. 그래서 내가 실수할 때마다 아이들에게 죄를 짓는 것 같아서 늘 마음이 무거웠다. 그러나 이번 기회를 통해 나의 실수도 아이들에게는 좋은 경험이 될 수 있음을 알게 되었다. 그래서 앞으로 좀 여유롭게 교육과정을 운영할 수 있을 것 같다."

— 다음날 워크숍에서 교사 소감 발표 내용 중에서

나의 판단 착오와 시행착오도 선생님들의 성장을 끌어낼 수 있음을 확인하는 순간이었고 부끄러움과 동시에 또 하나의 깨달음으로 깊게 각인됐다. 이후 나는 '실패한 교육과정은 없다'는 생각을 하게 되었다. 아이들과 어른의 사고체계가 다르긴 하지만, 나의 성장 과정을 생각해볼 때 '돌아가는 길'은 있어도 '틀린 길'은 없다는 생각이 들었고, 교사의 행위와는 관계없이 아이들 스스로 배움을 찾아가는 잠재적 배움이 있음을 알 수 있었다.

교육과정에 상상을 더하는 워크숍을 마무리하고 난 후 기록한 성찰일기를 소개한다.

교육청에 들어와서 7개월, 혁신이라 불리는 일(?)을 하고 싶었으나 혁신이라는 일은 없었다. 내가 하는 모든 일에서 조금씩 선한 방향의 정책을 만들고 실천하는 것이 일명 혁신이라는 것을 이제 가슴으로, 몸으로 배우는 중이다. 이번 워크숍을 통해 또다시 성장함을 느낀다.

1. 내가 생각해 낸 나만의 정책과 아이디어를 다른 이에게 강요하지 않는 것.
2. 장학사의 역할은 선생님들의 소리를 듣는 것.
3. 들은 소리를 정리하고 그 속에서 지원방안을 찾는 것.

몇몇 선생님들이 행사에 대한 피드백을 보내왔다.

좋았던 점은 교육과정을 편성할 때 학생에게 자율권을 부여하고 행사를 계획하여 운영하고 싶은 마음은 있지만, 그에 앞서 교사가 자율권을 경험하지 못한다면 실행하기 어려울 것입니다. 하지만 이번 워크숍과 같은 자율적 행사를 경험할 수 있어 너무 좋았다는 것입니다. 학생 자율에 의한 행사를 계획하고 실행하며 지원하는 학교가 많아질 것으로 생각합니다. 또한 여러 다른 학교와 자연스럽게 대화를 하고 정보를 교환하고 어려움을 나누면서 우리 지역에 대한 고민을 이야기하는 자리가 되었다고 생각합니다.

— 2015년 9월 성찰일기 중에서

제3절. 과정도 목적이다

교육과정 동아리를 중심으로 교육과정을 어떻게 구현해 나갈 것인지에 대해 협의했다. 시간이 지나며 성취기준에 대해서 더 많은 경험을 얻게 하는 것이 필요함을 느꼈다. 그래서 구체적인 성취기준 중심의 재구성을 실습해보는 연수를 기획했다. 도교육청에서도 2016학년도부터 성취기준 중심의 교육과정 운영을 주요 목표로 설정하고 과감한 지원을 기획하고 있었기에 겨울방학을 이용해서 연수를 진행하기로 했다. 연수를 기획하면서 교육과정 동아리, 기초학력 연구회, 관리자 연찬회와 연수 등을 통해 틈나는 대로 필요성에 대해 홍보했다. 그 결과 100명이 넘는 교사가 겨울방학 동안의 재구성 연수에 신청했다.

첫째, 어떤 방향으로 연수의 지향점을 삼아야 할 것인지 분명하게 정해야 했다.

- 단순한 재구성 기술인가? 성취기준 중심 교육과정 이해가 우선인가?

둘째, 지속가능한 교육과정 실천의 문화를 어떻게 이끌어낼 것인가?

- 지속적으로 실천하도록 동기를 부여하는 학교 자체의 시스템은 어떤 것이어야 하는가?

셋째, 교사로서 삶의 궤적에 따른 차이를 어떻게 극복하고 하나로 어울리게 할 것인가?

- 신규교사가 부담을 덜고 재구성을 실천하고 있는 교사들을 위한 동기부여 방법은 없는가?

2. 연수지역의 선정

고창은 설창(雪創)이라고 불리기도 한다. 그만큼 눈이 많이 내린다. 또한 신규교사가 집중 배치되는 곳이라 방학 기간 학교 근무가 없는 날이면 본가에 가서 연수하고 오는 교사들이 많다. 방학 기간인 1월은 연수가 가능하지만, 눈이 많이 내리는 시기다. 학교 관사에 거주하거나 전주, 익산 등에서 출퇴근하는 선생님들까지 고려할 때 다양한 변수에 대비해야 했다.

동료 장학사들과 협의하던 중 연수를 꼭 고창에서만 할 필요가 있는가, 라는 의견이 나왔다. 그래서 고창과 전주 두 곳에서 연수를 진행하기로 했다.

3. 연수의 구성

연수 방향을 토대로 교사들의 실천을 구체적으로 끌어낼 수 있는 방안을 구상해야 했다. **철저한 학습공동체 중심의 집단지성을 유도해야 한다.** 집단지성을 발휘하기 위해서는 전통적인 연수 방법으로는 승산이 없다고 생각했다. 몇 가지 원칙을 정했다.

- **강의 없는 연수**: 시작부터 끝까지 교사들이 협력하여 문제를 해결하는 연수가 필요하다.
- **강사 없는 연수**: 일률적 강의가 아닌 모둠원 중 한 명을 진행 강사로 위촉하여 스스로 문제를 해결해 나가게 함으로써 중간리더의 성장을 함께 유도하자.
- **평가 없는 연수**: 서로의 피드백을 통해 협력하고 문제를 보완해가는 과정에서 교사들의 성장이 이루어지는 평가체제를 만들어보자.
- **시종시간 없는 연수**: 창의적인 아이디어 생성을 위해 자유로운 시간 활용

이 필요하다. 시종 시간에 얽매이지 않고 미션 해결을 중심으로 자유롭게 하자.

4. 연수강사의 구성

교육과정 연수의 대부분은 다음과 같은 과정과 결과를 낳는다. ① 교육과정 재구성에 탁월한 실천 경험이 있는 교사의 사례를 듣고 ② 교사들은 강의에 공감하면서 필요성을 느끼고 강사에게 노하우를 배우려 한다. ③ 강사들은 주제 중심의 재구성을 소개하고 실습하게 한다 ④ 교사들은 열심히 노력 노력해 보지만 쉬운 일이 아님을 인식하고 ⑤ 포기하거나 다른 연수를 찾는다.

이런 이유로 실천이 화려한 강사보다 소소하게 지역 내에서 실천하고 있는 교사들을 중심으로 진행 강사를 위촉했다. 특히 교육과정 동아리 활동을 통해서 성취기준 중심 재구성을 실습해 온 교사들을 진행 강사로 위촉하여 연수 교사들을 돕는 동시에 함께 고민하는 기회를 제공하여 본인의 성장도 함께 꾀하도록 하였다. "지역의 교육은 지역에서 성장한 교사들이 이끌고 가야 한다"는 '지역교육 인재론'에 충실하려 했다.

함께 임하는 선생님들이나 진행 강사들은 서로 큰 부담이 없이 의견을 나누었고 화려하지 않지만 작은 실천을 함께함으로써 교육과정 재구성이라는 작업이 그리 어려운 일이 아닌 소소한 것에서 출발하는 작은 실천임을 인식하는 시간이 되었음을 알 수 있었다.

제4절. 협업하는 교육청, 성장하는 교육공동체

교육과정과 평가의 혁신을 위해서 어떤 기제를 사용할 것인지를 결정해야 했다. 교사 시절 학교에서의 '교사학습공동체'를 떠올렸다. 경험상 학교 안에서 활발하게 운영되는 학습공동체보다 더 좋은 성장의 기제는 없어 보였다. 학교 밖 학습공동체는 지속적인 상호작용에 한계가 있었다. 그러나 학교 안 학습공동체는 지속성과 긴밀성 즉시성 등에서 매우 효과적이었다.

전문적 학습공동체의 형성과 활동 단위는 당연히 학교(소규모 학교의 경우)와 학년(대규모 학교의 경우)이어야 한다. 문제는 학습공동체를 학교에서 구현하게 하는 방식이었다. 이때 전라북도교육청에서 의미있는 정책들을 발표하기 시작했다.

교육혁신과의 '함께 만드는 우리 학교'

'따뜻한 학교공동체'는 혁신정책 중에서 학교문화와 관련한 중요한 지향이었다. 혁신과에서는 이를 발전시켜 '함께 만드는 우리 학교'라는 학교문화의 방향을 제시하였는데, 학습공동체를 통해 성숙된 민주성을 바탕으로 학교자치를 지향하였다. 이는 교육과정을 통해 교사들의 성장을 지원하고 성숙된 실천력과 민주성으로 학교를 운영하는 방향을 제시하고 있었다.

정책공보담당관실의 '자율선택과제' 추진

정책공보담당관실에서는 30여 개에 달하는 혁신학교, 어울림학교, 원도심학교, 혁신⁺학교 등을 제외하고 모든 공모사업을 폐지했다. 이는 수십 년 동안 이어져 온 업무 중심의 학교 체제를 교육과정 중심의 체제로 체질 전환을 꾀한다는 의미가 담겨있었다. 이런 정책의 메시지는 간단했다. 도교육청부터 업무를 줄여주고 교육과정을 지원할 의지를 가지고 있으니 교육지원청과 각 학교에서도 업무를 간소화하고 학교와 교사들에게 자율권을 부여하라는 것이었다.

학교교육과의 혁신정책 적용

학교교육과는 2015년 '성취기준 중심 교육과정 운영'을 주요 교육과정 정책으로 제시하고 성취기준 중심 교육과정 연수를 대대적으로 실시했다. 연수의 핵심은 교육과정에 제시된 교과 재구성을 실현해나가는 것이었다. 또한 교과 재구성을 방해하던 원인이 일제식 평가였는데, 성장평가제 정책을 제시하고 2017년 완전 정착을 위한 학교 단위 실행을 요구하였다.

도교육청의 정책에 따라 교육지원청에서는 구체적이고 실질적인 접근이 필요했다. 교육과정의 운영 주체는 당연히 학급 담임이어야만 했다. 학급 담임이 중심이 되어 교육과정을 운영하기 위해서는, 담임교사에게 많은 권한 위임이 필요했다. 예산도 많이 지원되어야 했고 업무를 많이 덜어내야만 했다.

이런 조건들을 한꺼번에 충족할 수는 없었다. 장기적인 안목으로 로드맵을 제시하고 교육지원청 단위에서 지원할 것과 학교 단위에서 노력해야 할 것들을 분류하고 안내했다. 이름하여 '학급 단위 성취기준 중심 교육과정 운영' 지원 계획이었다. 이 지원 계획에 전라북도교육청과 우리 지원청에서 추진하고자 하는 정책을 모두 포함하여 연수계획을 수립했다. 연수 추진과 함께 평가개선을 위한 학부모 교육 등을 실시하여 교육과정과 성장평가제에 대한 인식을 환기했다.

기관 안에서 부서별 협력의 정도는 조직의 건강함을 알 수 있는 기준이다. 혁신정책이 가장 정점에 이르렀을 때가 이 시기였고 이렇게 교육과정의 변화는 학교로 빠르게 확산되었다. 핵심적인 정책을 추진하려면 관련 부서들이 같은 목적을 가지고 의사결정과 협업을 위해 손발을 맞춰야 함을 보여주는 사례다.

제4장. 혁신교육 정책의 지향은
모든 아이들의 학력신장이었다

'내 차 교육과정'

국가수준 교육과정 명칭은 'N차 교육과정' 또는 '2015개정교육과정' 등으로 표기되는데, 이를 패러디한 용어다.

교육과정에 대한 다양한 시도가 확산되며 교사들 사이에서는 '내 차 교육과정'이란 말이 유행하기 시작했다.

'내가 만든 교육과정을 내가 수행한다'는 뜻으로 해석되는 말이다.

교육과정 자율권을 쉽고 편한 방식대로 해석한 듯 보이는 이런 용어는 교육과정 체제의 엄밀성과 체계성을 강조하는 사람들에게 비판의 빌미를 주는 원인이 되기도 했다.

엄밀성과 체계성이 부족하다고 판단되는 교사들의 실천은 결과적으로 '혁신교육 = 학력저하'라는 프레임으로 나타났다.

— 본문 중에서

제1절. 혁신교육은 학력을 버렸는가?

1. '흥미가 먼저냐 지식이 먼저냐'

혁신교육 정책으로 인해 학력이 저하되었다는 비판이 많다. "흥미가 없는데 지식이 들어갈 틈이 있는가?", "지식을 쌓기 위해서는 심리적·정서적 안정도 취해야 하고, 자신을 둘러싼 환경이 삶과 밀접하게 관련이 있다는 것을 알아야만 한다"는 주장과 "지식이 없으니깐 공부에 흥미가 생기지 않는 것이다. 부진한 아이들을 중심으로 수업과 평가가 이루어지다 보니 잘하는 아이들의 학력도 떨어진다"는 주장이 팽팽하게 맞서고 있다.

두 가지 학력관은 실현해가는 방식이 다를 뿐이지 틀린 것이 아니다. 흥미와 지식은 닭과 달걀의 문제다. 아이들의 성장 정도와 환경이 다른데 획일적인 방식의 교육이 효과가 있을 리 없다.

혁신교육 정책은 교육의 본질과 공공성에 집중하고자 했다. 성장과 보살핌에 집중하고자 하는 견해는 미래를 살아갈 학생 삶의 질적(質的) 측면을 강조하였는데, 이는 성적과 성과 중심으로 보는 양적(量的)인 측면과는 다른 접근이었다. 이는 대립이 아닌 동전의 양면 관계라 할 수 있다. 그렇기에 둘의 특수성을 잘 살려 서로 인정하며 동행하는 관점을 잃지 않아야 했다.

우리가 혁신하고자 한 것은 주어진 환경으로 인해 알게 모르게 소외당해

온 어려운 학생들을 더이상 방치하지 않겠다는 것이었다. 초기 혁신학교는 사회경제적으로 어렵고 상대적 박탈감으로 더 많은 지원이 필요한 지역에 가장 먼저 들어섰다. 문화적·정서적으로 소외된 아이들에게 시급한 것은 심리적 안정과 자존감의 회복이었다. 전통적 학력관으로 환경이 열악한 아이들의 단기적인 성적 향상을 기대하는 것은 무리라고 본 것이다.

혁신학교 지정 후 학교의 학력은 느리지만, 지속해서 향상되었음을 여러 지표에서 확인할 수 있었다. 혁신학교 교사들은 제자들의 학력 향상과 삶의 만족도를 위해 부모의 마음으로 아이들을 품어냈다.

혁신교육 정책은 학력을 버린 적이 없다. 오히려 본질적인 학력의 향상을 위해서 최선을 다했다. 사회 양극화를 극복하는 대안으로 특정 계층 학생들의 학력에만 집중하기보다는, 모든 아이의 학력을 신장하기 위해 노력했다. 이것은 공적 영역인 교육기관이 수행해야 할 마땅한 일이었다.

2. 학력향상과 평가 관련 컨설팅 결과 분석

1. 관리자는 본인들의 경험을 토대로 교사의 노력과 헌신을 통해서 교육자의 책무를 다하는 게 중요하다고 생각함.
2. 교사들은 별도의 교육보다는 수업을 통해서 학력을 향상시키고 싶으며, 수업에 집중하기 위한 환경과 여건 개선이 급하다고 생각함.
3. 교사들은 시간을 내어 가르치려 해도 애들이 없고, 그럴 경우 아이들이 너무 스트레스를 받아 아이들을 행복하게 하는 것이 아닌 것 같아 그것이 옳은 것인지 고민함.
4. 교사들은 학부모들의 민원에 대한 부담을 크게 느끼고 있으며, 교사 자신 또한 성장과 입직 과정에서 측정 중심의 평가에 익숙해져 있음.
5. 교사들은 절대적으로 꼭 도달해야 할 성취기준이 있다고 생각하는 경향이 커 이를 돕는 일이 자신의 책무라고 생각함(미 도달 시 자책감 상승, 자존감 하락).

컨설팅 후, 관리자들의 생각을 정리하면서 인재를 만드는 일에 대한 소명의식과 그에 대한 자부심이 대단하다는 것을 알 수 있었다. 이에 반해 교사들은 자신의 소신대로 교육하고 싶어 했으며, 이에 대한 교사로서 자존감을 느끼고 싶어 했다. 서로 방법이 달랐지만, 아이들을 사랑하고 건강하게 성장시키려는 의지는 다르지 않음을 알 수 있었다.

3. 교육과정과 평가: 새로운 도전은 기다림과 보살핌이 필요하다

전문직으로 전직하기 직전에 근무한 학교는 혁신학교였다. 동료들과 함께 관행에 머무르지 않고, 학교에서 지향해야 할 점을 정하여 새로운 학교를 만들어보고자 노력했다.

- 학교 중심 행사를 줄여 학급 중심의 교육과정을 온전하게 지원한다.
- 정례화된 일제고사 형태의 평가를 지양한다.

학교 중심 행사의 축소와 학급 중심 교육과정 운영은 교사들의 요구에서 시작되었고 혁신학교 철학 세우기 워크숍을 통해서 구현되었다. 그러나 평가가 바뀌지 않으면 안 되었다. 지식 중심 평가에서 벗어나야 학급 중심 교육과정이 구현될 수 있었기에 아이들의 성장을 관찰하고 기록하는 방식으로 평가를 전환하고자 했다. 관리자들은 학부모의 우려에도 불구하고 선생님들의 실천을 지원했다. 무리하게 방법을 제시하기보다는 교사들 스스로 그 방법을 깨치고 대안을 제시하기를 기다렸다.

첫째, 평가의 주기를 얼마만큼으로 해야 하는가?

문제 해결을 위해 평가의 모든 권한을 담임교사에게 맡겼다. 평가 주기, 방법, 피드백의 방법에 대한 전권의 위임에 선생님들은 부담스러웠다.

둘째, 학부모들이 안심할 수 있는 피드백 방법은 무엇인가?

학부모의 신뢰를 회복하기 위해서는 아이의 성장 과정을 기록 분석한 자료를 가지고 앞으로의 지도 방향과 가정에서의 지도 방법에 이르기까지 상세하게 안내해야 했다. 3월 한 달 동안 선생님들은 무척 스트레스를 받아야 했다. 성장의 껍질을 벗겨내기 위한 인고의 시간이었다.

셋째, 평가 결과에 수반되는 많은 후속 작업이 있는데, 이는 어떻게 극복해 나갈 것인가?

2014년 12월에 열린 2015학년도 교육과정 워크숍에서 졸업생들에 대한 사정 작업을 어떻게 해야 할 것인지에 대해 갑론을박이 펼쳐졌다.

입장 1: 아이들이 졸업하는데 상장을 주는 것은 당연하다. 아이들에게 졸업의 기쁨과 수상의 기쁨을 줘서 동기유발을 시키도록 하자.

입장 2: 지금까지 아이들을 서열 없이 학교 철학에 입각해서 교육해왔다. 그런데 이제 와서 졸업에 필요한 상장을 줘야 한다는 이유로 아이들을 서열화시킬 수는 없다.

입장 1: 학교 철학도 중요하지만, 학교에서는 지역유지들을 무시할 수 없다. 서열을 내는 방법 대신에 다른 방법을 써서라도 아이들에게 상을 주는 것은 나쁘지 않다.

입장 2: 서열이 없이 어떻게 상을 배분할 수 있으며, 그런 방법들을 통해 상을 주게 되면 그 상이 아이들에게 어떤 의미를 부여할 수 있는가?

두 입장이 팽팽하게 맞섰다. 교사들은 결국 학교가 지향하는 철학에 따라 개별 시상이 아닌 모든 아이에게 시상하기로 방침을 정했다. 문제를 해결하는 데 결정적 역할을 한 것은 정례적인 교육과정 평가월례회였다. 협의에서 교사들은 자신들이 가진 생각과 실천 과정의 문제점을 가감 없이 드러냈고 의견을 공유하면서 소신있는 교육활동을 기획하기 시작했다.

학부모들의 걱정은 생각 이상으로 컸다. 학부모들은 변화된 평가방식이 자녀들의 수능 경쟁력을 떨어뜨리는 원인으로 작용할 것을 우려했다. 일부 학부모들은 학교에 노골적인 불만과 우려의 소리를 내기도 했다. 성장형 평가가 아이들에게 좋다는 것을 느끼고 존중하는 분위기였지만, 여전히 수치화된 결과형 문제풀이식 평가에 대한 아쉬움이 큰 듯 보였다.

아이들은 시험에 대해 스트레스가 없어졌다고 좋아했다. 다시 예전처럼 시험을 보고 싶다는 아이도 생겨났다. '글을 쓰고 생각하면서 어려울 때도 있다'는 아이도 있었고 힘은 들지만 '글을 쓰는 게 내 글이라서 싫지는 않다'는 아이도 있었다. 아이들은 몇 줄 정도의 글은 가볍게 쓸 수 있는 능력을 갖게 되었다. 학부모 협의에서 교장선생님의 말씀은 많은 학부모와 교사들에게 큰 울림으로 다가왔다.

"학부모님들! 댁에서 교육과정 설문지 작성해보셨죠? 예전에는 번호를 대충 찍으면 됐는데 지금은 직접 써야 하니 귀찮고 힘들고 어려우셨죠? 우리 아이들은 정말 어려운 시험을 보고 있습니다. 그렇지만 힘들어하는 아이는 별로 없고 오히려 즐거워합니다. 쉬운 찍기보다 어려운 서술 시험이 아이들의 실력을 높여주는 건 모두 인정하시죠? 우리 선생님들이 지금 이렇게 노력하고 있습니다. 응원해주세요."

4. 교육과정 정책의 전환: 평가와 교육과정 전문성

'내 차 교육과정'

국가수준 교육과정 명칭은 'N차 교육과정' 또는 '2015개정교육과정' 등으로 표기되는데, 이를 패러디한 용어다. 교육과정에 대한 다양한 시도가 확산되며 교사들 사이에서는 '내 차 교육과정'이란 말이 유행하기 시작했다. '내가 만든 교육과정을 내가 수행한다'는 뜻으로 해석되는 말이다. 교육과정 자율권을 쉽고 편한 방식대로 해석한 듯 보이는 이런 용어는 교육과정 체제의 엄밀성과 체계성을 강조하는 사람들에게 비판의 빌미를 주는 원인이 되기도 했다. 엄밀성과 체계성이 부족한 것처럼 보이는 교사들의 실천은 결과적으로 '혁신교육 = 학력저하'라는 프레임으로 나타났다.

국가 수준의 교육과정 운영의 체제에 익숙했던 사람들에게 교사들의 교육과정 혁신 실천은 뭔가 체계적이지도 않고, 전문성도 없는 몇몇 교사들만의 실천으로 보였다. 교육과정의 학문적 엄밀성을 중요시하는 사람들은 혁신 정책(교육과정, 평가)에 대해서 긍정적이지 않았다.

성취기준 중심 교육과정은, 이러한 일각의 부정적인 시각을 줄어들게 만드는 해결책 중 하나가 될 수 있었다. 그러나, 성취기준 또한 국가에서 제시된 기준이 대부분이어서 교과서 차시를 재구성하거나 약간의 변형을 통해서만 실천하고 있을 뿐, 근본적인 교육과정의 변화를 이야기할 수는 없었다. 교육과정 혁신의 과정에서 필수적으로 동반된 것이 평가혁신이었다. 학교에서 실천되어 온 과정 중심 평가의 순기능을 구체화할 필요성 있었다.

성장평가제는 '교사들이 가르친 내용과 아이들이 배운 내용을 평가해야 한다'는 기본 전제 아래, 발달과정을 관찰하고 기록하여 학부모와 피드백하는 평가, 아이들의 성장 정도를 평가하는 정책이었다. 지원청에서 근무하며 성장평가제 정착의 가장 큰 걸림돌은 교사들에 대한 신뢰의 부족이었다. 이러한 학교문화 현실에서 이를 극복할 방안이 필요했다.

1. 관리자가 교사를 신뢰하게 만드는 방안은?

2. 교사가 동료와 공동체를 만들어 활동하도록 돕는 방안은?

3. 교사와 관리자 간 신뢰의 프로세스를 만드는 방안은?

이를 해결하기 위한 가장 빠르고 안전한 방법은 교사들이 실천의 경험을 쌓게 해서 교육과정 지식과 노하우를 쌓는 것과 집단지성을 발휘하게 하여 부족한 부분을 채워가는 것이었다. 교육과정 동아리, 기초학력 연구회의 활동이 그 구체적인 방안이었다. 이들은 매주 함께 모여서 자신들의 교육과정 실천을 이야기했고, 함께 나누는 시간을 만들어갔다.

이런 실천의 지속적인 독려는 조금씩 성과를 내고 있었다. 교사들의 움직임에 관리자들의 시선이 달라지고 있음을 확인했다. 교사와 관리자들의 문화적, 개념적 인식 차이를 극복하는 길은 실천과 나눔이 바탕이 된 신뢰에 있음을 다시 실감했다. 신뢰의 프로세스가 커가는 학교의 구성원은 얼굴빛부터 달라졌다. 교사들이 학교 운영 의사결정의 많은 부분을 함께하고 있음을 알게 되었다.

제2절. 교사의 삶과 학력, 그리고 보살핌학교

학교는 공교육을 구현하기 위한 공교육 기관이다. 공공성의 시작과 끝은 기초와 기본을 중시한다. 우리는 아이들에게 어떤 기초와 기본을 만들어야 하는가? 아이들이 최소한의 교육적 보살핌을 받고 성장할 수 있도록 포기하지 않는 것이 공공성을 구현의 첫걸음이지 않을까?

1. 교사의 삶

교실에서 선생님의 마음을 아프게 하는 아이가 한두 명은 꼭 있다. 성장이 느려 유난히 더디게 이해하는 아이, 성장은 이상이 없으나 가정환경으로 인해 학습과 친구 관계에 아무 의욕이 없는 아이, 특수교육 대상자 아이인데 특수학급이 개설되지 않아서 보호가 힘든 아이, 그리고 충동적으로 폭행을 일삼는 아이 등….

대부분 교사를 정신적으로 힘들게 하는 유형은 아니다. 교사를 성장하게 해주는 소중한 존재이기도 하다. 그러나 네 번째 유형의 영향력은 매우 크다. 이런 아이들과 하루를 견뎌내야 하는 교사들은 정말 죽을 맛이다. 이런 아이는 교사를 두세 배로 힘들게 만든다. 아이들도 마찬가지다, 그 아이로 인해 다른 아이들이 행동에 제약을 받기도 한다. 교사는 문제행동을 하는 아이를 지도하는 과정에서 말실수라도 하면 그것이 악성 민원으로 변질되기도 한다.

상황이 이렇게 되면, 교사는 아무것도 하기 싫어진다. 아이에 대한 미움이 커지고 자신의 처지를 한탄하고 새로운 시도는 꿈도 꾸지 못한다. 이쯤 되면 교사와 아이 사이 교육적인 관계는 기대할 수 없다. 학교를 방문하면서 이런 아이들로 인해 고통받는 선생님들을 많이 만났다. 이런 문제행동을 가진 아이들을 어떻게 데리고 있어야 하는지에 대해 고민이 많았다.

2. 고민의 시작, 해결의 실마리

선생님들을 만나면서 그들의 이야기를 듣고, 기록하면서 고창이라는 생소한 지역에 대해 알아가기 위해 노력했고 선생님들의 어려움을 알 수 있었다. 나의 인식의 너머에 있는 내면의 아픔까지 촘촘하게 기록하고 공감했다. '선생님들의 대답속에 답이 있지 않을까'라는 생각에 대화록을 다시 읽으며 깨달은 것은 교육의 공공성이었다. 선생님들에게 한 많은 이야기의 핵심은 교육의 공공성을 회복하자는 것이었다. 생각을 정리하자 해야 할 일이 분명해졌다. 그래서 '보살핌학교'라는 기획을 하게 되었다.

3. 보살핌학교

아이들과 교사들을 보살펴야 한다는 생각에 '보살핌학교'라 명명하였다. 보살핌학교는 크게 세 가지 프로그램으로 이루어져 있다. 첫째, 모양성 프로그램, 둘째, 선운산 프로그램, 셋째, 고인돌 프로그램이다. 이름에서 알 수 있듯이 고창지역의 특색을 최대한 살리고 싶었다.

가. 모양성 프로그램

'모양성 프로그램'은 기초학력 보조강사가 직접 교실로 들어가서 담임교사를 보조하면서 아이들을 함께 돌보는 것이다. 모양성은 산을 빙 둘러싸고 있어 성안에 들어가면 편안함과 안락함을 동시에 느낄 수 있다는 것에 착안했다. 학급에서 담임교사 혼자 힘으로는 해결할 수 없는 아이들과 그로 인해 어려움을 겪는 교사들을 보호하고 지원하는 것을 목표로 삼았다. 대상학급의 선정과정은 다음과 같다.

1. 학습 더딤 아이들과 심리정서 장애 아이들을 파악한 학교의 데이터를 참고했다.
2. 학교를 순회하면서 선생님들에게 들은 이야기를 토대로 범위를 좁혔다. 한두 명 아이들 때문에 힘들고 어려워하는 선생님들을 보면서 빠짐없이 기록해두었다.
3. 정읍 거점 학습클리닉센터 지원을 받았다.
4. 어느 정도 좁혀진 대상 학교 교감선생님과 담임선생님들에게 확인 전화를 했다.

인건비와 계약 등 모든 절차를 직접 처리했다. 문제는 낮은 인건비로 인해 강사를 구하기가 쉽지 않았다. 며칠 후 지원되는 학교에 방문해서 담임선생님들을 만나봤다. 모두 행복한 얼굴이었고 감사한 마음을 표했다. 한동안 선생님들 환한 미소가 머릿속을 떠나지 않았다.

나. 선운산 프로그램

'선운산 프로그램'은 다양한 아이들의 발달 특성을 고려해서 지도의 방향을 설정하고자 기획한 프로그램이다. 선운산의 독특한 모양만큼 학급 아이들 또한 독특하고 다양하다. 심리·정서적 장애를 가진 아이도 있고, 뭔가 반응이 참 느린 아이도 있다. 이런 아이들을 대상으로 뇌파를 측정해서 과열된 뇌파는 낮게 하고 비활성화된 뇌파는 활성화시켜 학습에 도움이 되게 하는 프로그램이다.

다. 고인돌 프로그램

'고인돌 프로그램'은 교사들을 위한 프로그램이다. 교사들이 자체적으로 동아리나 연구회 등을 만들어서 성장하기를 바랐다. 고인돌처럼 수 천 년이 지나도 끄떡하지 않고 버티고 있을 만한 전문성을 갖는 것을 지향한다. 가르치는 방법에 대한 고민보다 중요한 것은 어떤 특성을 가진 아이인지 분석하고 공감하는 능력이다. 이 능력이 선행될 때 교사는 '전문성'을 가질 수 있다고 생각했다.

각 학교에 컨설팅 다닐 때도 어려운 아이들을 어떻게 지도해야 할지 모르는 선생님들의 하소연이 줄을 이었다. 이해력이 떨어지는 아이들을 이해하지 못하는 교사들도 많았다. 학습이 결핍된 아이들을 이해하는 것이 그들에게는 너무 어려워 보였다. 이런 환경에서 아이들을 가르치는 선생님들, 경력이 많아져도 그저 가정환경과 생득적인 환경을 탓할 수밖에 없는 선생님들을 외면할 수 없었다.

가장 어렵고 힘든 게 고인돌 프로그램이다. 교사들의 전문성은 근본적으로 자발성에 기초해야 한다. 교사들의 자발성을 이끄는 것은 인내심을 갖고 노력해야 할 과제이며, 교육청에서 교사들을 대상으로 할 수 있는 지원정책의 최고 정점에 있는 프로그램이었다.

'나' 보다 '우리'의 아이들을 위하여

2015학년도 ○○초등학교에 처음 전입해 왔다. 교육경력 16년 동안 큰 학교에서만 12년을 있었기에 소규모 학교에서의 아이들과 함께하는 것에 대한 새로운 마음, 새로운 다짐으로 시작할 수 있는 2015년이 된 것 같다. (중략)

2015학년도 기초학력연구회에 참여하게 되었고 그곳에서 서로 같은 고민을 하는 선생님들과 소통하고 정보를 공유하면서 도움을 주고받았다. 경력이 많은 선생님은 자신의 노하우를 말하며 도와주고 경력이 적은 선생님들은 새로운 정보를 말하며 서로 소통하면서 아이들에게 도움을 줄 만한 이야기를 풀어나갔다. (중략)

지금까지 어려운 아이들을 지도함에 있어서 '나'의 문제였던 것이 선생님들이 함께하는 연구회 등의 활동을 통해 좀 더 다양한 수업방법을 공유하고 고민하면서 '우리'로 개념이 확대되었고, 우리 반 아이들에게 좀 더 즐거운 수업을 적용할 수 있어 교사로서 보람을 느낀다. 서로 연구하는 선생님들이 함께하는 고창교육은 우리 아이들에게 학교가 즐겁고 배우는 즐거움을 알아가게 하는 희망이라는 밝은 교육의 밑거름이 될 거라 생각한다.

— ○○초등학교 교사 ○○○

제3절. 혁신교육 정책은 지역의 성장과 함께한다

혁신정책은 학력(學歷)보다 학력(學力)을 지향한다

참학력 정책이 도입되면서 갑론을박이 여기저기서 일어났다. 비판주의자들이 이용한 것은 '참'과 '거짓'의 대립구조였다. '지금까지 우리가 한 것은 거짓 학력인가'에서부터 시작해서 실체도 없는 학력이라는 비판을 넘어선 비난이 주를 이루었다. 참학력은 미래사회에 필요한 지식, 가치, 태도와 기능을 기르고 이를 각자의 삶 영역에서 실천하며 살아가는 힘을 기르자는 말로 풀이할 수 있다. 참학력의 역량은 2015 개정교육과정의 핵심역량과 표현만 다를 뿐 동일한 개념이다.

학교 현장에도 이런 분위기가 팽배했다. 학교를 다니면서 참학력의 개념을 설명하고 또 이해시키는 일이 반복되었다. 굳이 '참'이라는 글자를 넣어야만 했는가에 대한 회의가 들기도 했다. 아래 성찰일기는 당시 학교 분위기와 교사들의 생각을 엿볼 수 있다.

참학력에 대해서 설명하는데 한 선생님의 반응에 당황했다.

나: 도교육청에서 추진하는 학력 신장에 대해서 다 알고 계시지요?

선생님들: … 네….

나: 참학력에 대해서 들어보셨죠?

교무: 참… 나….

무척 당황스럽고 놀랐다. 선생님 반응 속에는 참학력에 대한 불편함이 담겨있었다. 도교육청에서 추진하는 정책에 대한 동의와 이해가 전혀 없어 보였다. 그래도 당황하지 않으려고 무지 노력했다. 그리고 천천히 이야기를 시작했다.

"바쁘시더라도 도에서 내려온 학교혁신 계획을 읽어봐 달라," "참학력은 거짓 학력의 대척점이 아닌 실생활에 유용하고 문제해결력을 높이는 개념이니 오해하지 말라"는 설명을 덧붙였다.

선생님 나름대로 아이들의 학력에 대해서 고민이 참 많아 보였다. 이래저래 고민하면서 반성과 성찰을 거듭하며 나름대로 열심히 노력해 온 선생님이었다. 그래서 그랬을까?

고민의 과정에서 자신이 생각한 학력이 있는데, 그것과는 다른 방향으로 학력을 말하고, 그것도 '참학력'이라고 하니깐 어이가 없었을까? 지금까지 자신이 실천한 것은 거짓학력이었다는 모욕적인 상황에 이르렀을까? 이분들이 가지고 있는 전통적인 학력관과 참학력이 가진 지향과 접근 방식이 다름을 어떻게 설명할 수 있을까?

— 2015년 4월 성찰일기에서

우리나라에서 '학력'은 수능성적과 다니는 대학 이름과 등치된다. 좋은 대학에 들어가기 위한 필수조건은 수능이다. 수능에 필요한 학력이 '문제를 풀어내는 것'이라고 한다면, 혁신교육 정책에서 추구하는 학력은 '문제를 풀어내는 능력과 함께 실생활에서 활용하는 능력'이다. 전통적 학력관에서 한 단계 나아간 학력의 개념이다. 학력(學歷)을 넘어서는 학력(學力)이 바로 참학력이다.

다음의 글은 혁신정책을 통해 성장한 학생들의 인터뷰를 소개한 글이다.

"(제가 다녔던) 남원초 아이들끼리는 서로 친해요. 수행평가를 할 때도 (다른 초등학교를 나온 아이들은) 경쟁의식 때문에 원래 안 도와줘요. (다른 학교 애들은) 수업이 끝나면 자고 있던 아이가 일어나서 "중요한 것 이야기했어?" 이렇게 물어보면 "아니, 없었어" 그러는데 남초 애들은 (노트를) 복사해서 나눠주는 거예요. 저도 그랬거든요. 이런 게 달랐던 것 같아요. 진짜 도움이 많이 돼요. 서로 믿고 의지하는 게 보여요. 그런데 다른(학교를 나온) 애들은 조금 (관계가) 힘들어요. 친한 친구임에도 불구하고 점수를 의식하게 되는 거죠."

　　　　　　— 남원초 졸업생 오예진, 「혁신교육의 길, 아이들에게 묻다」 (2017), p64.

위 내용은 늘 친구를 배려하고 협력하라는 혁신학교의 철학을 기슴에 담고 살아가는 아이들의 사례라고 할 수 있다. 전통적인 학력관에서 소외된 부분을 정확하게 보완하고 있음을 보여주고 있다.

"과학 선생님의 수업이 가장 기억이 나요. 항상 Very important를 말씀하시던, 수업의 일환으로 모둠으로 나누어서 1명을 뽑아서 주제에 대해 설명하게 했어요, 이것은 평가로 이어졌고요. (친구들에게) 설명하기 위해 많이 조사하게 되고 우리가 직접 수업을 했어요. 우리가 배우는 대상이 아니라 수업을 한다는 생각이라 졸리지도 않고 기억에 많이 남아요."

　　　　　　— 덕일중 졸업생 송준기, 「혁신교육의 길, 아이들에게 묻다」 (2017), p76.

혁신학교에서 가장 장려하는 수업은 주제에 대해서 스스로 조사하고 발표하는 것이다. 강의식 수업이 가지고 있는 문제점과 한계점을 보완하는 방법으로, 학생들은 서로 협력하는 활동을 통해서 스스로 조사하고 친구들에게 자신의 연구과제를 설명하는 기회를 가지게 되는데, 이 과정에서 지식의 얼개를 촘촘하게 만드는 기회를 가질 수 있었다.

혁신정책에서 학력과 참학력은 싸우고 대립하는 개념이 아니었다. 두 개념은 서로 보완하고 협력해가는 동반자로 각자의 역할에 충실했을 뿐이다. 혁신정책 12년간 무수히 반복된 '학력저하' 논란, 이제는 제대로 이해할 때가 되었다.

제5장. 혁신교육 정책은 지역의 성장과 함께한다

"교육청도 변하고 있습니다. 교육청의 교육계획도 이렇게 슬림하게 나올수 있음을 증명해 보이고 싶었습니다. 교육청이 했다고 학교도 반드시 하라는 말씀은 아닙니다. 다만, 교육청과 장학사들도 지금보다 한 걸음이라도 변화하기 위한 노력을 지속하고 있다는 것을 보여드리니, 학교에서도 함께 노력해주시면 감사하겠습니다."

'2016 고창교육집강소'는 2016년 12월 14일에 240여 명 교원들이 참가한 가운데 진행되었고, 수렴된 의견은 2017년 고창교육계획으로 이어졌다. 고창교육집강소를 통해서 수렴된 의견들은 사업에 반영되는 과정을 빠짐없이 포함하여 교사들에게 피드백되었다.

교육청의 노력을 바라보는 교사들 마음이 어떠했을지 단언하기는 어렵다. 그러나 지역교육을 위해서 자신들이 무엇을 해야 하는지에 대해서는 충분히 자각하고 생각해보는 시간이 되지 않았을까? 최소한 '교육청이 교사들을 수단으로 대하지는 않는다'고 생각하지 않았을까? 교육정책을 담당하는 사람들이 잊지 말아야 할 자세가 무엇인지를 알게 해준 시간이었다.

— 본문 중에서

제1절. 교육으로 지역을 살릴 수 있는가

1. 장학사의 발자국, 지역사회를 알아가다

지원청 장학사로 행한 가장 잘한 일이라면 고창으로 임지를 배정받은 초기에 학교를 컨설팅하며 고창에 대해 참 많이 알게 되었다는 것이다. 고창의 아름다움에 놀랐고, 선생님들이 가진 잠재력과 그들이 감당해내는 교육의 무게가 가볍지 않음을 깨달았고, 관리자들의 능력과 리더십에 놀랐다. 고창의 지리를 잘 모르는 나는 학교를 다녀올 때면 같은 길로 반복해서 다니지 않았다. 처음 보는 길을 찾아서 다녔고 그 도로들이 어떻게 연결되어 있는지 파악했다.

아름다운 자연환경과는 달리, 고창의 학교들은 인적구성이 안정적이지 못했다. 초등학교 교직 사회에서 고창은 일명 '못자리'라고 불렀다. 고창은 신규 선생님들이 가장 많이 발령받는 곳이고 일정 기간 후 도시나 각자의 고향으로 떠났다. 이곳에 남아있는 교사는 이 고장 출신이거나 여기서 짝을 이루고 터를 잡아 사는 사람들이었다. 그렇다 보니 학교 경력별 인적구성에 중간층이 별로 없었다.

고창에서 교사 생활을 하지 않은 내가 고창 여러 지역을 하나하나 밟으며 학교를 방문한 경험은 고창교육 환경을 더 잘 이해할 수 있게 했다. 그러면서 '교사들의 성장이 교육력의 성장'이라는 관점에서 볼 때 고창이라는 지역의 역할이 전북교육 전체에 미치는 영향이 크다는 생각이 들었다. 고창이라는 못자리에서 교사들이 교육과정 전문성으로 다양한 뿌리를 만들고, 다른 곳으로 전출한다면 전북의 교육이 다 같이 발전할 수 있다는 생각을 해봤다.

고창지역에서 첫 교직생활을 시작한 신규교사들을 만나며, 나는 비난의 소리와 격려의 소리를 번갈아들었다. 초등교사 임용까지 그들이 살아온 삶의 방식은 수많은 경쟁을 통과해야 하는 무거운 도전의 연속이었다. 아이들을 이해하지 못하는 교사도 있었고, 자신의 학습 지도 능력이 부족함을 한탄하며 스스로 자책하는 선생님들도 있었다. 자신이 가르치는 아이는 일정 수준의 학력을 가져야 한다는 생각에 쉴 새 없이 아이들을 몰아세우는 교사도 있었다.

학교가 가지고 있는 구조적인 환경을 어떻게 변화시킬 수 있을지 심각하게 고민했다. 이런 고민은 다양한 루트를 통해 의견을 수렴하는 작으로 이어졌고, 이는 고창지역에 맞춘 다양한 정책 사업의 도입과 실행으로 결실을 맺었다. 고창에서의 근무시간은 지역의 문제가 나의 문제가 되어가고 있음을 알아가는 시간, 지역과 하나가 되는 것을 경험한 시간이었다.

2. 장학사, 지역에 나를 던질 준비가 되었는가?

2015년 여름, 정성식 선생이 던진 교육과정 돌직구의 위력은 컸다. 그는 교육과정에 대한 개념적 정의부터 시작해서 법적인 한계와 범위, 학교에서 만들어지고 있는 교육과정과 실제에 이르기까지 돌직구를 날리며, 가려운 곳만 골라가며 긁어줬다. 정성식 선생은 연구 담당교사가 교육과정 계획 문서를 만들며 반복하는 'Ctrl-C'와 'Ctrl-V'를 무의미한 행정의 민낯으로 규정했다. 왕궁초 사례는 전라북도 초등학교에 삽시간에 퍼졌고, '학교교육과정'을 제작하는 일에 회의적이었던 연구 담당교사는 이 새로운 사례에 열광했다.

나 또한 학교에서 이를 벤치마킹해서 교육과정을 30쪽 분량으로 슬림하게 만든 경험을 가지고 있었다. 동시에 마음속으로 불안감과 자신감이 반복해서 일었다. 불안감은 해보지 않은 것을 함에서 나오는 것이고, 자신감은 동료 교원들이 함께하는 것에서 오는 든든함이었다. 관행적으로 행하던 학교 행사를 덜어내면서 과연 계획대로 교육과정 중심으로 실행할 수 있을 것인가에 대한 의심이 많았으나, 효과는 기대 이상이었다.

장학사로 부임한 뒤, 처음 접하게 된 '고창교육계획'은 학교에서 만들어내던 두꺼운 '학교교육과정'과 다르지 않았다. 고창교육계획부터 슬림하게 만들어야 했다. 그래야 학교에 교육과정 문서의 간소화를 이야기할 수 있을 것 같았다.

2015년 가을, '2016 고창교육계획'을 만들기 위한 워크숍을 가졌다. 이 자리에서 나는 고창교육계획의 슬림화 필요성에 대해서 피력했다. 학교와 교사들에게 업무를 경감하라고 말로만 할 것이 아니라 우리도 실천으로 그들에게 감동을 줘야 한다는 것이 나의 생각이었다. 토론의 결론은 '한 번 해보자'였고, 동료장학사들의 응원과 비판적 지지 덕분에 만족스러운 결과물이 나올 수 있었다.

방대한 양의 교육계획을 16쪽에 넣는 일은 쉽지 않았다. 타이틀을 잡는 것에서부터 시작해서 구체적인 사업을 하나로 묶어 상징적으로 표현해야만 했다. 교육계획에 다 담아내지 못하는 구체적인 지침과 규정 등은 모두 공문으로 만들거나 누리집에 게시해 활용하게 안내했다.

이렇게 만들어진 '2016 고창교육계획'을 모든 학교의 구성원들에게 배부하였다. 교육장은 이에 한 걸음 더 나아가서, '2016년 고창교육계획 설명회'를 학교별로 순회하면서 진행하자는 의견을 냈다. 행사를 진행하는 동안 장학사들의 가슴에 자부심이 생겼다. 학교의 요구에 떠밀려 일을 처리하던 교육지원청이 아닌, 학교와 교사들에게 먼저 시범을 보이면서 혁신을 리드하는 우리의 모습이 감동으로 다가왔다. 내가 진행한 권역의 설명회가 마무리될 무렵, 나는 고창교육계획 리플릿을 높이 들고 이렇게 말했다.

"교육청도 변하고 있습니다. 교육청의 교육계획도 이렇게 슬림하게 나올 수 있음을 증명해 보이고 싶었습니다. 교육청이 했다고 학교도 반드시 하라는 말씀은 아닙니다. 다만, 교육청과 장학사들도 지금보다 한 걸음이라도 변화하기 위한 노력을 지속하고 있다는 것을 보여드리니, 학교에서도 함께 노력해주시면 감사하겠습니다."

3. 고창교육집강소: 지역의 교육력을 응집시키다

2016년을 시작하면서 나의 고민은 '현재의 성장동력을 다음 단계로 어떻게 전환시킬 것인가'였다. '스타트 업'을 했으니 이제 '스케일 업'을 해야 할 차례라고 생각됐다. 여기저기 지혜를 구했으나 뾰족한 방법을 찾을 수는 없었다. 2015년 고창에 발령받은 후 얼마 지나지 않아 몇몇 후배 교사들과 저녁 식사를 하는 자리를 가진 적이 있었다. 장학사의 직무수행에 도움을 준 후배 선생님들에게 감사를 표하는 자리였는데, 나는 이 자리에서 어쩌면 민감할 수도 있는 이야기를 했다.

"고창교육은 고창에서 나고 자라고 성장한 고창 사람들이 이끌어가면 좋겠다. 선배들이 고창교육의 우수성에 대해 자부심을 갖고 있다. 일정 부분 인정하고 긍정적인 부분에 대해서는 확산시킬 계획을 고민하고 있다. 그러나, 외부자의 시선으로 바라본 고창교육은 시대의 변화에 너무 둔감하다. 고창교육의 우수함을 지켜가려면 스스로 변화의 흐름에 민감하고 그 속에서 지속적으로 성장을 추구하며 혁신을 주도하는 사람들이 많아져야 한다. 나는 그 일을 후배들이 했으면 좋겠다."

2016년에 접어들면서 '지역교육은 지역의 인재들이 이끌어야 한다'는 방향성은 혁신정책에서 공식적으로 자리를 잡기 시작했다. 이 시기는 '혁신교육특구'를 중심으로 한 지자체와의 협업이 주요 이슈로 떠오른 시기였다.

교육혁신과 다른 팀에서는 '혁신교육 특구'의 일반화 모델로 '농어촌교육특구'를 기획하고 있었다. 지역 인적구성의 특성을 고려해볼 때 충분히 성공가능성이 있어 보였다. 이후로 나는 공식 석상이나 사적인 자리에서 '지역인재에 의한 지역교육 강화론'을 강조했다.

2016년이 시작되고 한 달 뒤, 처음으로 교무 연구 정례협의회를 진행했다. 선생님들은 작년부터 반복되어온 이 협의회의 효과성에 대해서 조금씩 문제의식을 느끼기 시작했다. 정례협의회에서 논의된 것들이 상당 부분 반영되어 개선되기는 했으나, 그 정도의 변화로는 근본적인 문제를 해결할 수 없다는 선생님들의 생각을 감지했다. 교육청의 변화로 인해 장학사와 교육청을 바라보는 시선의 변화는 가능했지만, 이는 변화에 대한 신선함이지 교사들의 삶과 직접적으로 연계되지는 못했기 때문이다.

협의회에서 선생님들의 요구는 다양했다. 근본적인 의견수렴 과정과 이를 정책에 반영하는 노력이 필요했다. 선생님들에게 토론회를 제안했다. 2017년의 고창교육계획을 세우기 위해서 고창의 전 교육 가족이 함께하는 대토론회를 갖고, 제시된 문제점들을 공론화하여 변화를 이끌어내는 것을 제안했다. 다음 글은 2016년 5월 관련 협의를 가진 후 기록한 성찰일기에서 발췌한 내용이다.

오늘 교무연구 네트워크와 지역교사 모임을 가졌다. 네트워크에서는 대토론회의
진행방식과 세부 일정에 대해 협의했고 지역교사 모임은 학생토론회를 어떻게 진
행할 것인지에 대해 이야기했다. 철저하게 교사들의 의견을 존중하고자 했다. 그
들이 토론의 주인이 되어 모든 것을 준비하게 해야 했다. 대토론회는 내가 정한
일정인 화요일보다 하루 뒤인 수요일로 미루자는 의견이 많았다. 학사일정에 무
리가 간다는 것이었다. 선생님들의 의견이 일리가 있었다. 사실 날짜와 시간은 행
정편의로 정해진 것이었기에 충분히 공감할 수 있었다.
멋진 토론회는 생각지도 기대하지도 않는다. 선생님들 손으로 오롯이 만들어 나
가기를 바랄 뿐이다. 분명 성장하는 교사가 있으리라. 학생토론회는 오늘 협의로
많은 정리가 이루어졌다. 역시 집단지성의 힘은 강하다.

— **2016년 5월 성찰일기 중에서**

'고창교육 대토론회', 지역에서 진행된 토론회 중에서 가장 큰 규모로 진행
되는 것인 만큼, 토론회 이름 또한 의미있게 지어보고 싶었다. 토론회 취지가
'구성원들이 민주성을 바탕으로 정책을 만드는 것'에 있다면 우리나라 민주
주의 시작점이자 상징인 동학농민혁명을 모티브로 삼고 싶었다. 동학의 자
치기구인 '집강소'를 모티브 삼아 '고창교육집강소'라 작명했다. 교육청이 추
구하는 정책의 지향과 철학을 가장 잘 드러낸 작명이었다.
이렇게 준비한 '2016 고창교육집강소'는 2016년 12월 14일에 230여 교원들
이 참가한 가운데 진행되었고, 수렴된 의견은 2017년 고창교육계획으로 이
어졌다. 고창교육집강소를 통해서 수렴된 의견들은 사업에 반영되거나 반영
되지 못한 내용은 빠짐없이 교사들에게 피드백되었다. 비록 그들이 한 이야

기가 정책이나 사업에 반영되지는 못하더라도, 왜 반영할 수 없는지에 대해 안내했고, 조정할 것은 조정했으며 당장 조치가 가능한 것과 시간을 두고 조치할 것을 구분해서 안내했다.'

교육청의 노력을 바라보는 교사들 마음이 어떠했을지 단언하기는 어렵다. 그러나 지역교육을 위해서 자신들이 무엇을 해야 하는지 충분히 자각하고 생각해보는 시간이 되었을 것이다. 교육정책을 담당하는 사람들이 잊지 말아야 할 자세가 무엇인지를 알게 해준 시간이었다. 다음 글은 고창교육집강소가 끝난 후 기록한 성찰일기에서 발췌한 글이다.

고창교육집강소

집강소는 동학의 자치기구였다. 한국 민주주의의 시작이라고 할 수 있는 동학의 고향이 고창이다. 전문직으로 발령이 나면서 가장 역점을 둔 것 중 하나는 학교의 민주적 자치공동체의 지원이다. 나의 인식 속 민주적 자치공동체는 교사들의 학습공동체가 만들어졌을 때 가능하다는 생각이 지배적이다. 학습공동체를 지원하기 위해 많은 고민을 했고, 고민이 스며든 여러 가지 프로젝트를 진행했다. 한계가 왔다. 뭔가 외부 자극이 필요해 보였다.

그래서 생각한 것이 집강소였다. 학교 자체적으로 자치문화를 정착시키기 어렵다면 교육청 차원에서 민주성을 강화하고 현장 교원들의 의견을 가능한 한 그대로 교육청 정책에 반영한다면 어떨까? 교육부로부터 시작되는 수많은 헛발질 정책의 피해를 줄이고 함께 노력해야 할 것들에 대해서 공론화하면 어떨까?

지난 3월, 집강소를 생각하고 교무연구 네트워크 선생님들에게 설명하고 모든 준비를 맡겼다. 나의 행정은 최소화했다. 처음 내 생각은 '흉내라도 내면 좋겠다'는 것이었다. 여기저기서 많은 토론회가 열렸지만, 외부 업체에 의한 화려한(?) 행사는 피하고 싶었다. 어설프지만 우리 선생님들이 주인이 되는 토론회, 선생님들이 주체가 되고 우리의 문제를 우리의 머리와 가슴으로 느끼고 공감하게 하고 싶었다.

결과적으로, 고창교육집강소는 내가 생각한 것 이상의 결과를 가져왔다. 교무·연구 샘들은 한 달에 한 번씩 모여 학교의 사례를 나누고 서로 격려하고 지지했다. 2학기 들어서 토론방식을 소개하고 토론을 진행하는 연습을 했고 20여 개에 달하는 주제를 선정했고 주제별로 토론할 교사들을 모집하고 홍보했다. 장학사로서 공문을 통해서 했다면 도저히 할 수 없었던 일이었다. 그렇게 230여 명이 넘는 교사들은 3시간이 넘는 긴 시간을 토론했고 그 결과는 내 책상에 쌓여있다. 이제 나의 일은 그것을 고창교육계획에 녹여내는 일이다. 이 또한 관련 교사들과 장학사들과 함께 만들어 나가야 한다.

지역사회 시민사회 단체들이 함께하는 고창교육 집강소! 오늘도 난 꿈을 꾼다. 동학혁명에서 시작된 민주화의 역사가 스며있는 학교자치, 교육자치가 실현되는 그 날을, 우리 전북교육이 활짝 피어날 그 날을.

— 2016년 12월, 성찰일기 중에서

제2절. 집토끼가 먼저인가! 산토끼가 먼저인가

1. 장학사의 실천, 지역교육을 움직이다

농어촌교육특구를 추진하기 위해 자료수집을 하며 느낀 것은 '교육청과 학교의 노력만으로는 실현 불가하다'는 것이었다. 지역사회와 학부모, 다양한 시민단체 등 지역 운동가들 생각을 모아야만 했다. 지역 자원을 우선 활용하는 데서 시작해서 점차 역할을 분담하는 방향으로 가야 한다는 생각이 들었다.

지역 운동가들과 의견을 모으는 자리는 생각보다 간단하지 않았다. 주체별 생각과 지향이 매우 달랐고 시각차도 컸다. 방향성을 가지고 실천하고 계시는 분도 있었지만, 선언적 의미의 주장과 생각만 가지고 계신 분도 있었다. 이를 조율하는 일이 녹록하지 않았다.

다음 글은 2016년 7월, 교육특구 관련 연수에 참여하며 기록한 성찰 글이다. 지자체로부터 전폭적인 지원을 등에 업고 추진하는 타시도 교육청의 사례가 부럽게 느껴졌지만, 그 속에서 고창의 실마리를 찾으려고 한 흔적이 담겨있다.

고창형 농어촌교육특구 추진과 관련해서 교원들, 지역 운동가들이 함께 뜻깊은 시간을 가졌다. 농어촌교육특구의 방향성을 설명하고, 앞으로 마을과 함께하는, 지역이 교육과 아이들을 함께 품고 가야 하는 지향점에 대해 설명했다. 이 자리에는 사회운동가 네 명과 함께 앞으로 고창을 함께 이끌어갈 선생님들이 함께했다. 물론, 앞으로 지속적인 마을교육이 이루어지기 위해서 지역에서 오래 활동하고 근무한 교원들을 이끄는 활동이 매우 중요하다.

어제의 이야기는 특구 운영 계획안의 전반적인 설명과 앞으로 활동에 대한 공감대 형성이었다. 지역의 성장동력이 크다는 것에 함께 공감했고, 앞으로 추진 방향을 설정하기 위한 토론회가 반드시 필요하다는 데 의견을 함께했다. 지자체 지원금을 확보하기 위한 다각도의 노력을 함께하기로 했다. 현실적으로 지자체의 지원이 절대적으로 필요하다. 그런데 현실은 그러하지 못하다. 연말에 교육의 주체 모두가 함께하는 토론회를 추진할 필요성이 크다. 그 핵심의 역할은 우리 선생님들과 지역의 활동가여야 한다.

고창형 농어촌 교육 특구의 개념은 크게 세 가지다.

〈마을을 아이들의 교실로…〉

'마실'은 '마을 교실'의 줄임말이다. 아이들의 삶과 생활을 교육과정에 연계시켜 꾸준히 교육과정을 구성하고 생산해내게 하는 마중물. 교원들과 마을활동가들을 꾸준히 성장시키고 지속적인 힘을 신도록 노력해야 한다.

〈지역을 아이들의 놀이터로…〉

○○지역의 학교 밖 학교를 모델로 하였다. 크기와 규모는 다르겠지만 고창이 가진 인프라와 지역색을 토대로 분석했을 때 충분히 승산이 있다는 판단이 든다.

〈교육은 학교에서, 보육은 지자체가…〉

이 부분이 고창형 교육특구가 지향하는 핵심이 될 것 같다.

먼저, 현재 고창에 3개소에 구축된 지역아동센터를 전 읍·면 지역에 확대한다.

면 단위로 주민자치 센터가 마련되어 있다. 그곳을 조금만 손보면 충분히 활용할 수 있다. 실제 그렇게 시도하는 곳도 있다고 한다.

둘째, 지역아동센터를 확대하도록 해야 한다.

지역아동센터는 2년 정도 봉사활동 실적이 있어야 지자체로부터 승인을 받을 수 있다. 지역아동센터를 확대하려면 운동가들이 자격을 가질 수 있도록 육성해야 한다.

셋째, 교육협동조합을 조직하는 방법.

고창은 면 단위의 협동조합을 조직하기는 지역별로 편차가 심하다. 그래서 읍내를 중심으로 함께 참여하는 중앙 협동조합을 중심으로 마을학교 및 지역 아동 센터를 연계하면 될 것 같다.

엊그제 아내가 이런 말을 했다.

"힘든데 왜 하려고 하느냐" 나는 논리적인 답을 하지 못했다.

"예전부터 난 남들이 하지 않는 일, 다들 어렵다고 생각하는 일들을 즐겨 했는데 참 재미있었다. 몸은 힘들고 그것이 가시밭길인 줄 뻔히 보이지만, 그것을 하는 동안 가슴이 뛰고 내가 살아있는 것 같았다. 그래서 안 할 수가 없다."

— 2016년 여름 성찰일기 중에서

2. 집토끼를 보살피는 것이 먼저인가, 산토끼를 잡는 것이 먼저인가

왜 교육자치를 해야 할까? 교육자치는 지방자치의 도입과 그 맥을 같이 한다. 풀어서 이야기하면 '지역의 일꾼을 지역의 손으로 직접 뽑아 의미를 찾으면서 알콩달콩 잘 살자'라는 의미일 것이다. 지역교육은 지역 사람들과 함께 결정해서 지역 자원을 교육내용으로 활용하여 인재를 길러내는 것을 이상으로 삼는다.

그런데, 지역의 교육내용을 교육과정에 어떻게 넣거나 수업과 평가를 연계한 교육과정으로 풀어내는 학교는 많지 않다. 이런 한계를 극복하기 위해서는 지역을 아는 교사로 성장시켜야 하고 그 책임은 교육청과 지원청에 있다. 학교에서 아이들 생활지도와 수업, 잡무 등에 동원되어 소진된 교사들에게 '지역화'에 대한 이야기는 버겁다. 그래서 필요한 것이 마을교육이다.

지자체별로 인구를 늘리기 위해 안간힘을 쓰고 있다. 귀농과 귀촌을 위해서 홍보비와 지원비를 지출하지만, 지역 내 아이들을 보살피는 것에 대해서는 인색하다. '교육은 교육청이 해야 한다'라는 사고에서 벗어나지 못하고 있다. 불확실한 소수의 산토끼를 잡아서 농장의 토끼 수를 늘리려다가 집토끼를 대량으로 잃어버리는 우를 범하는 지자체가 많은 것이 현실이다.

이제는 지역의 아이들을 보살피는 데 힘써야 한다. 잡기도 어렵고 잡을 수 있다는 보장도 없는 산토끼보다는 집토끼를 확실하게 보살펴서 지역에 정주하며 의미를 찾아 살아가도록 돕는 일을 해야 하는 것이다.

마을공동체가 학교 속으로 깊숙하게 들어와서 교사들과 함께 협업하여 역할을 분담하고, 방과후 돌봄과 다양한 프로그램을 진행함으로써 학교의 부담을 덜어내야 한다. 학교는 가벼워진 부담을 자양분 삼아 교육과정 전문성을 길러 수업과 평가 속에 지역과 아이들의 삶을 고스란히 담아내야 한다. 교육과정 지역화와 마을교육은 지역의 아이들이 지역의 사랑과 보살핌을 받고 성장하여 지역의 또 다른 아이들을 보살피는 선순환을 기대하는 정책이 되어야 한다.

제3절. 다시 고창을 향하여

1. 마을교육 워크숍

2017년을 준비하면서 농어촌교육특구를 위해 '마을교육 워크숍'을 진행했다. 지역 실천가와 교사들이 함께 지역의 미래를 고민하고자 마련된 시간이었다. 충남 홍동마을, 시흥의 장곡중학교와 마을학교, 의정부 몽실학교에 이르기까지 지역과 함께 의미를 만들어가는 곳을 집중적으로 방문하여 시사점을 찾고자 했다.

함께한 기간 동안 지역의 활동가들과 소통하면서 지역의 장학사로서 해야 할 일과 지향점이 무엇인지 깨닫는 시간이었다. 다음은 2017년 2월 마을교육 워크숍을 다녀온 뒤 기록한 성찰일기에서 발췌한 글이다.

2박 3일간 마을교육 워크숍을 다녀왔다. 13분의 지역 실천가들과 20분의 학교 실천 교사들을 모시고 충청과 경기, 서울까지 다녀왔다. 무언가 큰 것을 배워오는 것은 바라지 않았다. 그저 선생님들 가슴속에 고창이라는 지역에서 희망을 품고 살아가는 꿈, 지역에서 제자들과 자녀들과 따뜻함을 나누며 의미를 찾아가는 삶, 그런 꿈을 품어보는 시간이 되기를 바랐다.

"이번 연수는 선생님들께 드리는 저의 질문입니다. 답은 선생님들께서 찾으세요."

새벽까지 잠도 자지 않고 진행된 자체토론에서 지역교육의 희망과 미래를 볼 수 있었다.

"장학사님이 저희에게 주신 마지막 선물 같습니다. 정말 유익하고 좋았습니다, 고맙습니다."

선생님의 피드백 한마디! '마지막'이란 단어가 가슴에 턱~하니 꽂힌다. '그렇구나! 이제 떠날 때가 됐구나! 이제야 실감이 난다.' 지난 2년간 생각을 구체화하고 방법을 현실화하는 정말 소중한 시간이었다. 집단지성이 얼마나 소중한지, 지혜롭고 현명한 리더가 얼마나 소중한지, 그러한 리더를 길러내는 일이 얼마나 중요한지를 깨닫는 시간이었다.

이제 자리를 옮기게 된다. 나에게 주어진 소임을 잘 수행할 수 있을지 걱정이다.

— 2017년 2월 성찰일기 중에서

이후 나는 도교육청 교육혁신과로 자리를 옮기게 되었다. 떠나는 마음이 편치 않았다. 일을 시작만 해놓고 추진은 지역에 맡겨놓은 셈이었기 때문이었다. 떠나는 내게 후임 장학사는 이렇게 말했다. "씨 뿌리기를 잘하는 사람이 있고 키우는 것을 잘하는 사람이 있고 수확하는 것을 잘하는 사람이 있으니 걱정하지 말라." 따뜻하고 의미 가득한 말을 가슴에 품고 떠날 수 있었다.

2. 아이들이 중심에 있는 마을교육공동체를 꿈꾸며

도교육청에서 혁신 업무를 처리하면서 근무경험은 매우 크게 작용했고 자신감의 원천이 되었다. 고창에서의 근무경험은 매우 크게 작용했고 자신감의 원천이 되었다. 2017년 가을 고창에서 추진한 교육과정 연수에 강의하러 가게 되었다. 오랜 동지를 만나는 것 같은 생각에 마음이 설레었다. 고창에서 원하는 연수라면 아무리 바빠도 시간을 내서 함께하고 싶었다. 다음 글은 2017년 11월, 고창의 선생님들을 만나고 와서 기록한 성찰의 글이다.

요즘 혁신과에서 혁신교육특구 업무를 맡고 있고, 마을교육공동체에 대해서 몇 가지 행사를 추진하다 보니 사람들은 나에 대해 '마을교육공동체 전도사'란 오해를 많이 하고 있다. 큰 틀에서 학교와 지역이 함께 아이들을 돌본다는 것에 있어서 철학을 공유할 뿐이지 일반적으로 마을교육공동체를 맹신하지는 않는다. 행사를 진행하면서 느끼는 것은 교원들이나 마을활동가들이나 중요한 것을 잊고 트렌드를 쫓아서 가고 있다는 생각이 든다.

'혁신학교'나 '혁신'학교' 심사도 그런 경향은 이어졌다. 마을 교육 공동체를 넣어야 '혁신학교'와 '혁신'학교'에 선정되기 쉽다는 생각으로 무리하게 마을 교육과정을 계획서 속에 집어넣는 일도 쉽게 볼 수 있다. 마을의 운동가들은 마을학교를 최선으로 생각하기도 한다. 과연 그럴까? '혁신학교'는 슈퍼마켓과 같이 만물이 진열된 학교의 모델이 아니다. '혁신'학교'는 더더욱 그렇다. 그런데 왜 사람들은 이런 트렌드를 꼭 넣으려고 할까? 묻고 싶다.

나는 교육과정 주의자다. 어떤 개념도, 어떤 당위성도 학교의 교육과정과 그 속에서 숨 쉬는 아이들을 배제해서는 안 된다. '교육과정은 기본이기 때문에 굳이 말을 하지 않아도 된다'고 말하는 사람도 있지만, 난 그렇지 않다. 자꾸만 말을 해야 한다고 생각한다. 뻔한 말처럼 느껴지지만, 그 뻔함을 뻔뻔하게 백 번이고 천 번이고 외쳐야 한다고 생각한다. 그것이 교육자로서 우리의 사명이다.

마을교육공동체와 마을교육과정은 필요하다. 그러나 마을을 위한 교육과정이어서는 안 된다. 아이들을 성장시키기 위한 성장의 선순환이어야 한다. 혁신학교와 학교혁신은 필요하다. 그러나 혁신을 위한 혁신학교이거나 학교혁신이어서는 안 된다. 현재보다 한 걸음만 더 나아가는 변화의 시작이어야 한다.

오늘 고창의 교사들을 대상으로 진행하는 연수에서 나는 무엇을 이야기해야 할 것인가? 교사의 성장은 필요하다. 그러나 교사만을 위한 성장이어서는 안 된다. 아이들과 함께 성장하는 교사의 성장이어야 한다. 그리하여 내가 살아갈 고장에서, 교육자로서 무엇을 해야 하고 부모로서 어른으로서 어떤 고민을 해야 하고, 민주시민으로서 어떤 실천적 삶을 살아가야 할 것인지에 대해 함께 나누는 시간이 이어지기를 기대해본다.

3. '양날의 검', 마을교육공동체

2018년 지방선거를 앞두고 마을교육공동체 운동은 선거 공약과 연계한 활동을 추진하고 있었다. 정치와 삶이 무관하지 않듯이 정치와 교육도 밀접하게 연결되어 있었다. 마을교육운동가 그룹에서는 도의회와 함께 마을교육공동체 관련 조례를 만들었다. 관련 내용을 검토하던 중 잘못 적용될 경우에 학교의 부담이 더 가중될 만한 상황이 생길 수 있음을 직감했다. 다음 글은 그때의 심경을 기록한 글이다.

2018년, 지방자치단체 선거를 앞두고 교육정책으로 마을교육공동체에 대한 이야기가 여기저기서 흘러나온다. 혁신교육특구를 비롯한 여러 가지 특구들이 하나로 합해져야 한다는 이야기도 많고 특구의 방향성을 재검토한다는 말도 무성하다. 이런 상황에서 마을교육공동체를 지향하는 여러 단체가 학교를 압박해 들어오고 있다. 심지어 학교를 기반으로 마을교육공동체라는 명목 아래 지역의 경제력 창출을 꾀하려는 시도까지 보인다.

혁신교육특구는 전북지역 혁신일반화 정책 중 하나다. 여기에 마을교육공동체라는 용어가 난데없이 등장했다. 실제 우리 도에서 추진한 혁신교육특구 정책과도 일맥상통하는 부분이 있어 보인다. 그런데 본질에서 벗어나고 있는 모습이 이 선거 국면에서 느껴지는 이유는 무엇일까.

학교의 부담을 덜고, 학교와 교사들이 교육과정 중심의 학교문화를 만드는 데 기여하기 위한 혁신교육특구는 마을교육공동체라는 네이밍에 밀려 억지로 마을을 끌어들이게 된 것 같은 느낌을 지울 수 없다. 교육에 있어 마을은 활동의 장, 교실의 범위를 확장한 개념이다. 무조건 마을이 학교로 진출해도 된다는 것이 아니다. 아이들의 삶과 연결된 교육을 하기 위해 마을을 강조하고 아이들의 생활기반을 강조하다 보니, 마을을 위해 학교가 모든 인프라를 제공해야 하는 것을 당연시하려는 의도가 보인다.

"왜 마을을 위해서 학교 인프라를 이용하면 안 되느냐"고 주장하는 사람, "강제적으로라도 문을 열어 학교에 들여보내야 한다"고 주장하는 사람들도 생겨났다. 마을교육을 위해 학교에 이야기해도 길을 터주지 않으니 도교육청과 도의회를 동원하여 학교로 당당히 걸어 들어가는 스텝을 밟겠다는 말이 들린다. 무척 위험한 발상이다. 교사들의 교육권, 학교의 자율권, 교육과정 운영 권한에 대한 심각한 도전의 조짐이 보인다.

마을교육공동체에 대한 명확한 개념 정리와 역할 구분이 부재한 탓이다. 마을공동체와 학교와 교사들이 각자가 가진 상황과 현실에서 추구하는 것이 다르기 때문이다. 마을교육공동체는 아이들을 건강하게 성장시키기 위해 학교와 지역이 함께 협업한다는 의미가 크다. 아이들을 중심에 놓고 이들의 교육적 성장을 지원하려는 것에서 정책이 시작되고 추진되어야 한다.

— 2018년 어느 봄, 마을교육활성화지원에 관한 조례를 검토하며

Ⅲ

도교육청 장학사,
혁신정책을 전환하다

제1장. 뛰면서 생각하기

완벽함이란 존재하지 않는다. 자신의 완벽을 증명하려는 순간 가까운 사람에게서 멀어진다. 자신의 부족함을 드러내는 것에서 동료와의 소통은 시작된다. 소통을 통해 과거의 관습에서 벗어나 새로워지는 나를 발견한다.

— 본문 중에서

일을 하는 사람들의 스타일을 정의하는 기준은 여러 가지다. 나는 업무의 성격이나 방향성을 고려해서 그에 맞는 적절한 스타일을 통해 추진하는 성향을 가지고 있다. 그러나 변하지 않는 원칙은 있다. '큰 방향과 목표는 정해 놓고, 속도와 방법은 조율을 통해 유연하게 조절한다'는 것이다.

하나, 생각해놓고 뛰는 사람: 모든 것을 다 생각해놓고 초집중해서 일을 해낸다.

둘, 일단 뛴 다음에 생각하는 사람: 일단 저질러 놓고 수습하거나 의미를 부여한다.

셋, 뛰면서 생각하는 사람: 천천히 생각하면서 일하고 의견을 들으면서 마무리한다.

군대에서 나의 보직은 부대원을 교육하는 일이었다. 업무를 기획할 때 협업하는 사람이 고민하지 않도록 모든 양식과 절차를 명시해서 안내해야 하는 꼼꼼함이 능력의 유무를 진단하는 가늠자였다. 학교에 발령받은 후 10년 가까이 이런 스타일을 버릴 수 없었다. 학교에서도 교육과정이나 연구, 체육대회, 학교행사, 학교평가와 각종 공모계획서 등을 작성하는 업무를 수행해야 했다. 하지만 중요한 업무를 시작할 때 혼자 밤샘 작업이 잦았다. 동료 교사들이 일하는 데 어려움이 없도록 완벽한 계획을 세우는 것을 최고의 목표로 삼아서 처리했다.

그러나 나의 선한 의도는 동료들에게 전달되지 않았고, 모든 것을 정해서 통보하는 방식의 업무 스타일은 좋지 않은 결과로 돌아왔다. 아무리 좋은 계획이라도 동료들의 이해와 지혜를 구하지 않으면 성공하기 어렵다는 사실을 간과한 결과였다.

위와 같은 경험에서 얻은 깨달음은 '함께하자'였다. 완벽하지 않았던 계획이 선생님들의 의견이 모이며 부족한 부분이 사라졌다. 혼자서 계획을 세울 때보다 할 일이 더 많아졌음에도 불구하고 그들은 즐겁게 역할을 찾아 수행하고 있었다. 이때 깨달은 것이 '천천히 뛰면서 생각'하는 것이었다. 대략적인 방향만 정해놓고 구성원들에게 공개한 뒤 의견을 물어가면서 일을 진행했다. 함께하는 것의 가치, 천천히 가더라도 의견과 생각을 모아 즐겁게 가는 방법을 알아가게 되었다.

고창교육지원청에서는 선생님들의 아이디어를 바탕으로 참신한 교육과정 관련 연수와 워크숍을 진행하였다. 또 고창교육집강소를 만들어 지역교육의 힘을 결집하고 교육력을 키우는 시스템을 실험했다. 도교육청에서는 '혁신교육특구'와 '농어촌교육특구' 등 여러 가지 특구를 하나로 통합시켜 '협력지구 사업' 출범의 기반을 만들고, 교원양성기관과 혁신학교를 잇는 정책연구를 추진하며 '전라북도초등교육과정(학교교과목)' 등의 정책이 씨를 뿌리고 싹을 틔우며 결실을 맺도록 집중하였다.

완벽함이란 존재하지 않는다. 자신의 완벽을 증명하려는 순간 가까운 사람에게서 멀어진다. 자신의 부족함을 드러내는 것에서 동료와의 소통은 시작된다. 소통을 통해 과거의 관습에서 벗어나 새로워지는 나를 발견한다.

제2장. 혁신 10년, 건강한 혁신학교를 위하여

과거가 없는 현재는 없고, 현재가 부재한 미래는 존재하지 않는다. 교육정책 또한 과거에 시행된 정책의 공과를 면밀하게 분석하고 새로운 패러다임을 제시해야 한다.

혁신정책은 과거에 대한 통렬한 반성과 이를 되풀이하지 않겠다는 실천가들의 의지가 만들어 낸 결과물이었다. 학교의 관리자와 교육청의 정책입안자 그리고 그 정책을 수행하는 전문직이라면 무엇에 집중해야 하는지에 대해 고민했다.

혁신정책의 가장 중요한 지향점은 교사들의 성장이다. '아이들을 중심에 둔 교육'은 생각보다 어렵다. 외적인 보상이 없는 여건에서 지속적인 실천을 요구하기도 어려웠다.

이런 어려움을 이겨내는 가장 좋은 방법은 교사가 스스로 성장하고 있음을 느끼게 하는 것이다. 혁신정책이 학교의 업무경감을 통해 실천을 독려하고 아이들과 교사들의 성장을 유도해 왔지만, 실천과 성장을 이끌어내기에 부족했다.

전북에서 혁신학교의 성과는 '다른 지역에 내놓을 자랑거리로서 학교'가 아니라 '혁신학교라는 공간에서 성장한 교사들의 실천과 일반화를 위한 노력'이 되어야 한다.

— 본문 중에서

제1절. 혁신을 혁신하다

1. 다시 학교와 지역으로 들어가다

2017년 혁신과 발령 후 가장 큰 고민은 혁신학교의 역할과 정체성에 대한 것이었다. 도교육청에서의 정책은 최소 7~8년 앞을 내다보고 정책을 기획하고 준비해야 한다고 봤다. 혁신학교의 성공사례에 기초한 참학력 학교, 참학력 지원단 운영, 혁신학년 운영 등 혁신정책의 일반화를 위한 정책은 혁신학교 정책의 확산을 위해서 필요한 것이었다.

이 시기 전북 혁신교육 최고의 성과는 청렴과 민주적인 학교문화의 정착이었다. 부패가 관행이었던 교육계는 청렴해졌고 학교는 민주적으로 변했다. 교사들의 자존감은 높아졌고, 혁신교육에 대한 자부심으로 가득한 날들이 이어졌다. 그러나, 아이러니하게도 이런 자부심은 지속적인 혁신을 가로막고 있었다. 혁신되었다고 생각한 것들이 다시 혁신의 대상이 되는 모습을 보며 너무 빨리 성과에 취한 것이 아닌가 하는 생각이 들었다.

사람의 성장과 학교 운영의 동력이 되어야 할 학습공동체의 성장은 중심에서 벗어나고 있었고 개인주의적 성향만 커져갔다. 약화된 공동체성은 혁신의 시스템과 철학을 흔들고 있었다. 대책이 필요했다. 새로운 혁신학교 정책을 발굴하고 선명성을 확보해야 했다. 교육지원청을 순회하면서 정책간담

혁신정책 지역간담회 결과 종합

분야	문제점	제안사항
혁신학교 네트워크 지원	지속적인 실천을 위한 소통과 리더의 부재	• 지역단위 교사 학습공동체 지원을 통한 혁신 지원 • 지원청 단위의 교사들을 연결하고 소통하는 지역교사 활동가의 • 육성이 필요함 -> 지역과 도를 연결하고 상황을 공유하며 함께 나누는 네트워크 구축 방안 강구(학습 연구년제, 파견교사 등 활용)
업무경감	철학이 사라진다	• 행정실과 협업을 위한 일반직 혁신연수 강화해야 -> 교육자로서 행정직원, 공무직원 문화를 위한 연수 추진
연수 지원	철학이 부재한 연수 만연, 혁신연수 기피	• 교육과정 세우기 등의 연수에 대한 학점 부여 방안 강구 • 관리자 '리더십 아카데미'의 지속 추진 필요 • 혁신학교 재지정교 대상 1박 2일 철학 세우기 연수 필요 • 의무적인 연수가 필요(지원청 단위의 성장평가, 수업개선 연수, 4년차 학교의 철학 세우기 연수 등) -> 학교 내 학습공동체 활동 연수학점 이수 정책 추진
혁신 정책	프로그램 중심의 혁신학교 운영	• 철학을 공유하고 만들어가는 혁신학교 문화를 위한 정책 추진 • 혁신학교의 양적 확대보다는 내재적인 힘과 역량의 축적이 필요 • 예산 없는 혁신학교 사례를 만들자 • 3월 회의, 공문 없는 달에 대한 재검토 필요 -> 혁신학교 질적 성장을 위한 정책 필요, 교육과정 중심 혁신학교 운영을 위한 기반 마련
고등학교 혁신 지원	입시와 분리된 혁신학교 정책	• 고등학교에 수업 변화와 공동체 성장 요구는 부담 • 실무적 접근, 입시 관련 실질적 연수를 통한 공동체 구성 필요 • 학력과 연계한 고등학교 교사 네트워크 체계화 지원

회를 가졌다. 현장의 생생한 소리를 자양분 삼아서 새로운 정책을 구상하기로 했다.

2017년 가진 혁신정책 지역별 간담회 결과는 생각보다 훨씬 더 많은 변화를 요구하고 있었다. 혁신정책은 과거에 대한 통렬한 반성과 이를 되풀이하지 않겠다는 실천가들의 의지가 만들어 낸 결과물이었다. 이를 다시 변화시키겠다는 정책 전환은 실천가들의 비판을 불러왔다. 그러나 당장의 비난을 피하기 위해 변화의 적기를 놓칠 수는 없었다.

2. 혁신학교 정책, 새로 물길을 내다

2018년이 시작되면서 지역별 정책간담회 결과에 따라 3기 혁신정책을 기획하기 시작했다. 그러나 하나의 사업부서에 불과한 혁신팀에서 단독으로 해결할 수 있는 것은 많지 않았다. 그래서 정책부서를 비롯한 도교육청의 다른 부서와 협력하기 위해서 큰 틀에서, 장기적 안목으로 추진해야 할 정책과 지금 바로 할 수 있는 것들을 분류했고 우선순위를 정해서 혁신학교와 학교혁신 정책의 전환을 시도하고자 하였다.

첫째, 혁신학교의 선명한 정체성을 드러내는 정책이 필요하다.

전북 혁신학교 정책의 큰 특징은 100교 100색이다. 이는 혁신학교 운영 프로그램의 틀이나 지정된 형식이 없다는 뜻이다. 하지만 이런 철학을 완벽하게 이해하는 학교는 드물었다. 구성원의 철학이나 의지가 결여된 '다른 학교 흉내 내기'는 업무의 재생산으로 이어졌고 구성원들의 불만은 커져만 갔다.

혁신학교 예산 지원 시스템도 문제점을 드러냈다. 지정 첫해 많은 예산을 들여서 만든 프로그램은 해가 갈수록 온전히 학교의 부담으로 남았다. 학부모들의 높아진 눈높이는 학교구성원들의 헌신과 희생으로 채워졌다.

혁신학교 체제는 '혁신학교'와 '혁신'학교'의 형태로 운영되고 있었다. 혁신' 학교는 깊어지는 혁신학교 정책을 지향하며, 해외 혁신교육 교류, 교육과정 사례의 발굴, 지역과 함께하는 연수원 학교의 기능을 부여받고 있었다. 섬세하게 설계되지 못한 정책은 학교를 부담스럽게 했고 예산이나 프로그램의 다양성 등의 문제점을 조금씩 갖고 있었다.

둘째, 근본적인 혁신을 위한 대책, 양성기관의 변화를 이끌어야 한다.

혁신정책의 가장 중요한 지향점은 교사들의 성장이다. '아이들을 중심에 둔 교육'은 생각보다 어렵다. 외적인 보상이 없는 여건에서 지속적인 실천을 요구하기도 어려웠다. 이런 어려움을 이겨내는 가장 좋은 방법은 교사가 스스로 성장하고 있음을 느끼게 하는 것이다. 혁신정책이 학교의 업무경감을 통해 실천을 독려하고 아이들과 교사들의 성장을 유도해 왔지만, 실천과 성장을 이끌어내기에는 여전히 부족했다. 양성기관에서부터 교육과정에 대한 이해력과 실천의지를 가지고 임용되는 시스템을 만들어야 했다.

셋째, 정책을 뒷받침하는 실질적인 연수 지원이 필요하다.

혁신정책 초기, 해외 연수를 통해 경험과 사례를 벤치마킹하고자 한 해외 혁신 교육 연수도 시간이 갈수록 문제점을 드러냈다. 항상 비슷한 프로그램으로 반복되던 연수 일정은 '에듀케이션 투어'라는 비판을 받게 되어 새로운 방식의 해외 연수 시스템 도입 필요성이 제기됐다. 학교 내 학습공동체의 운영도 어려움을 겪고 있었다. 학습공동체를 더 활성화하기 위한 유인책이 필요했다. 학교 안에서 진행하는 '배움과 성장의 날' 또는 '교육과정 세움 주간'의 교육 준비 활동을 연수학점으로 인정해야 한다는 제안이 줄을 이었다.

넷째, 학교 업무경감을 위한 보다 근본적인 사례의 도입과 정착이 필요하다.

전북교육청은 2016년을 기준으로 업무경감에 대한 큰 전환을 시도했다. '학교 자율 선택 과제' 도입이 그것이다. 그러나 정책부서가 사업을 직접 추진하는 일이 잦아지면서 학교에서는 행정실과 교무실의 업무 핑퐁과 갈등이 심화되었다. 혁신팀에서는 단순한 업무를 조정하는 것보다 근본적인 대책을 수립해야 함을 인식하고 행정혁신을 위한 다양한 프로그램을 도입했다.

이런 방안들은 세밀하고 전략적인 접근을 필요로 했다. 하나같이 기존의 틀을 허물거나 체제를 바꿔야 하는 일들이기 때문이었다. 각각의 일은 독립적인 것으로 보이지만 주체와 주체가 유기적으로 연계되어야 하고 추진의 순서 또한 잘 기획된 것이어야 했다. 이를 위해 몇 가지 원칙을 정하고 일을 추진하기 시작했다.

첫째, 혁신학교 지원정책의 전환을 통해 선명한 정책적 지향을 갖는다.

- 교육과정 중심 혁신학교 운영 기반 확충과 자율학교 체제 확대

- 혁신⁺학교 정책의 세분화(지역형, 광역형)

- 예산 지원 시스템 전환을 통한 혁신학교 일반화 지원

둘째, 양성기관과 연계한 혁신정책 추진으로 근본적, 지속가능한 혁신의 기반을 만든다.

- 교생 실습체제 개선을 위한 노력

- 협업을 통한 참학력 기반 혁신교육과정 개발 연구와 학교교과목 정책 도입

- 지속적인 협업을 위한 노력(전주교대 특별 연수과정 도입, 혁신정책 대학원 과정 개설)

셋째, 혁신학교 연수체제의 전환으로 혁신교육의 풀뿌리를 지원한다.

- 해외 연수 시스템의 전환

- 학교 내 학습공동체 학점 지원정책 도입

넷째, 학교 업무 경감을 위해 혁신학교에서 사례 발굴 노력을 지속한다.

- 교육행정직원들의 성장 지원

- 아이들을 중심에 둔 학교 교육행정문화의 혁신

3. 혁신학교 정책 10년, 혁신⁺학교에 대한 성찰

혁신⁺학교 정책은 혁신학교 지정을 마친 학교가 혁신학교를 지속할 수 있도록 기획된 정책이다. 혁신⁺학교 정책이 도입된 뒤 이를 둘러싼 비판이 있었다. 특정 학교에 대한 특혜라는 시비에서부터 역할과 정체성에 대한 질문

이 이어지기도 했다. 시·군 지역 단위 혁신을 이끌고 선도하는 역할을 부여받았음에도 일부 학교는 지역 혁신을 가로막는 걸림돌로 인식되는 학교도 있었다.

교사들의 잦은 인사이동으로 학교 철학과 문화가 수시로 바뀌는 폐단을 극복하고자 도입한 인사지원 정책으로 인해 같은 학교에 오래 근무하는 교사들이 나타나기 시작했다. 그렇다 보니 '고인 물 학교' 또는 '그들만의 리그'로 평가되는 학교도 있었다. 이런 문제의 해결점을 찾아가려는 시도에 대해 일부 혁신학교에서는 "도교육청은 학교에 관여하지 말라"는 말을 하기도 했다. 이런 상황을 어떻게 해결해야 할 것인가에 대한 고민이 깊어져 갔다. 다음 글은 2019년 1월에 기록한 성찰일기 중 발췌한 것이다.

혁신정책 10년, 혁신'학교 정책 5년이 지났다. 혁신'학교 정책은 이대로 좋은가? 구성원들에게 어떤 질문을 던져야 하는가? 우리의 공과(功過)를 분명하게 밝혀야 한다. 이제 시간이 얼마 남지 않았음을 말하고, 그동안의 헌신과 노력을 기록으로 정리해내고 그 속에서 답과 길을 찾아야 한다. 듣기 좋은 철학과 공감은 귀를 간지럽힐 뿐, 인정할 것은 인정하고 지적할 것은 지적해야 한다. 지난 10년간 수없이 외치던 전문적 학습공동체와 민주적 자치공동체, 따뜻한 학교공동체는 어떻게 실현되어가고 있는가?

첫 번째, 민주적 자치공동체의 민주성은 얼마나 잘 유지되고 있는가?

1. '민주'라는 단어에 경도되어 다수결이 자치의 전부라는 생각만 하는 것은 아닌가?

2. 토론과 합의의 과정은 소홀한 채 다수결에 따라 공동체를 운영하고 있지는 않은가?

3. 권리와 의무 사이에서 권리만 강조되고 책무는 소홀히 하지는 않는가?

두 번째, 전문적 학습공동체는 잘 조직되고 운영되고 있는가?

1. 형식적이고 구색 맞추기 형태에서 머무르고 있지는 않은가?

2. 상대방의 단점과 한계도 인정이 되고 공감하는 정도의 소통문화는 존재하고 있는가?

3. 아이들과 교육과정을 논함에 있어 날카로움과 따뜻한 마음을 갖고 있는가?

혁신*학교 역사 5년 동안 우리는 무엇을 했는가? 지역 연수원 학교 운영, 국제교류, 교육과정으로 깊어지기를 바랐다. 지원청과 연계해서 연수원 기능을 해온 학교가 몇 개나 되는가? 외부의 손님맞이가 연수원학교의 역할의 전부일 수 없다. 이는 도교육청 혁신*학교 정책의 방향성이 선명하지 못했기 때문이다. 연수원학교의 운영은 바로 옆 학교의 동료들을 봐야 한다.

혁신은 경험인가? 삶인가? 프로그램인가? 프로세스인가? 결과인가? 과정인가? 유지인가? 개척인가?

새삼스레 혁신*학교들을 바라보면서 드는 생각이다. 동지이고 동반자인 학교가 변화의 대상이 되어가는 모습에 가슴이 아프다.

제2절. 혁신학교에 대한 뿌리 깊은 오해들

1. 혁신학교는 인사 특혜를 받는 학교다

인사지원의 문제는 교육부 훈령으로 지원되는 자율학교[5] 정책과 연계하여 꾸준히 지원해야 했다. 혁신업무를 맡아서 주도적으로 실천했던 교사들이 일반학교로 옮겨가거나 승진, 전직 등으로 인해서 그 공백이 컸기 때문에 그들과 함께했던 교사들의 지속적인 활동이 필요했다. 혁신학교는 실천력을 가진 교사의 영향을 많이 받는다. 특히 교육과정과 평가의 혁신은 실천력을 가진 교사의 노하우가 절대적으로 필요했다. 이들의 공백은 곧 혁신정책의 공백과 직결되었기 때문이다.

이런 문제를 해결하고자 혁신+학교에 대한 인사지원은 전폭적으로 이루어졌다. 같은 학교에서 최대 10년까지 안정적으로 근무하면서 교육과정을 파격적으로 혁신하기를 바랐다. 이러한 인사지원은 일부 학교에는 큰 힘이 되

---

5) 초창기 혁신학교는 혁신학교 지정과 함께 자율학교로 지정되었으나, 점차 자율학교 지정 비율이 떨어져서 어느 시기부터는 자율학교로 지정되지 않고 있었다. 이는 숫자로 나타나는데 전북의 자율학교는 2015년 75개에서 2018년에는 18개로 축소되어 있었다. 이에 혁신팀은 다시 모든 혁신학교를 자율학교로 지정했다. 이에 대해서 한 교원단체에서는 내부형 공모제 확대를 위한 것이 아니냐는 비판을 하였으나, 혁신팀에서는 학교장 공모는 학교운영위원회라는 법적 기구에서 정하는 것이며, 혁신팀에서 영향을 미쳐서 자율학교이기 때문에 지정되는 것이 아니라는 견해를 밝혔다. 그리고 전북의 자율학교 정책은 교육과정 자율권 확보와 학교의 자치권 확보하기 위한 방안이라 밝혔다.

었지만, 일부 학교는 취지를 살려 성장하기보다는 스스로 고립되는 길을 자초하는 부작용을 만들어내기도 했다.

인사지원 정책 분야에 대해서 혁신팀은 그동안 헌신한 혁신학교 활동(실천)가들을 위한 보상에 관해서도 논의했지만, 현장의 반대로 도입하지 않았다. 현장의 의견은 아이들만 바라보고 아이들과 함께 실천한 것에 대한 최고의 보상이 '아이들의 건강한 성장'에 있음을 강조했다. 실제로 혁신정책 아래 연구학교의 역할은 혁신학교가 담당했지만, 이에 대한 승진이나 전보가산점 등은 없었다.

2. 혁신학교는 학력이 떨어지는 학교다?

혁신학교를 둘러싼 학력저하의 프레임은 교육감 임기 내내 지속되었다. 혁신팀은 이런 프레임은 학생을 위한 것이 아니라고 봤다. 학력의 상대적 비교가 의미가 있는지 학력이 선생님들의 헌신에 의한 교육으로 저하되었다고 하면 선생님들의 얼굴에 침을 뱉는 것인데, 왜 이런 프레임들이 나오는지 안타까웠다.

혁신학교는 힘들고 어려운 아이들이 많은 학교에서 시작되었다. 부모의 보살핌을 제대로 받지 못하고 성장한 아이들과 매일 만나야 하는 선생님들에게 혁신학교는 꿈을 실현할 수 있는 기회였다. 심리적·정서적으로 결핍이 많은 아이에게 학교는 집이었고 교사들은 부모님과 같았다. 교육과정 자율권의 활용과 예산 지원은 경제 사회 문화적 자본이 부족한 아이들의 부족함을 채워주기 위한 것으로 우리 학생들을 위한 것이었다.

실제 데이터를 확인했을 때 혁신학교 운영 전에 비해 학력이 향상된 학교가 많았다. 최소한 수업시간에 엎드려 자는 아이들이 눈에 띄게 줄어들었다.

학생을 평가할 때도 출발점에서 도달점까지 성취의 정도를 비교해서 판단해야 하듯 혁신학교의 학력 또한 겉으로 드러난 수치만 가지고 판단하기보다는 운영 전후를 비교하여 판단해야 한다.

3. 전국에서 유명한 학교가 없다?

혁신팀에 오는 문의 전화 중 가장 많은 것은 '전북을 대표하는 혁신학교가 어디냐'는 것이었다. 이런 문의는 전북의 혁신학교 정책이 잘되고 있다는 소식을 접한 다른 시도교육청 관련자나 기자들로부터 받는다. 학교가 유명해져서 타학교 교사들이 학교를 방문하는 일은 학교 교사들의 부담으로 작용하기 때문이다. 고민 끝에 전화하면 어느 학교는 공식적으로 거부 의사를 밝히기도 한다. '우리 학교를 위해서 교육청이 한 일도 없으면서 왜 학교를 힘들게 하려 하느냐'는 답변을 받기도 했다.

어느 학교든 초창기에는 대단한 실천력을 발휘한다. 그러나 공립학교의 여건상 교사들은 주기적으로 학교를 옮겨 다녀야 한다. 좋은 사례를 만들어내던 학교라 할지라도 핵심적인 역할을 하던 리더교사가 자리를 옮기고 나면 흔들릴 수밖에 없었다. 초창기 혁신학교의 핵심 리더로서 역량을 발휘하던 교사는 1~2년 만에 근무 기간이 만료되어 학교를 떠나야 했다 역량이 뛰어난 교사도 동료들과 함께 마음을 모으고 실천하기 위해서는 '절대 시간'이 필요했다.

이런 현상으로 알 수 있는 것은 학교의 질은 교사들의 실천력과 비례한다는 것이다. 같은 학교에서 오랜 시간 동안 근무할 수 없는 공립학교의 여건을 고려할 때, 전북에서 혁신학교의 성과는 '다른 지역에 내놓을 자랑거리로서 학교'가 아니라 '혁신학교라는 공간에서 성장한 교사들의 실천과 일반화를 위한 노력'이 되어야 한다.

4. 혁신학교는 예산이 폭탄처럼 지원되는 학교다?

혁신정책 초기, 혁신학교를 확대하기 위한 지원책 중에서 단연 관심을 끄는 것은 예산 지원이었다. 풍부한 예산은 학교의 교육활동으로 아이들에게 환원되었고 교사들 또한 하고 싶은 교육활동을 실천할 수 있었다. 하지만 연차가 쌓여갈수록 새로운 혁신학교들이 지정되고 학교로 교부되는 예산 규모의 파이는 줄어들게 되었다.

예산이 줄어든 만큼 교사들의 열정과 헌신의 강도는 늘어나게 되었다. 초기 전폭적인 지원을 경험한 학부모들의 요구는 이미 학교가 감당할 수 있는 수준을 넘어서고 있었고 이 간극을 교사들이 메우고 있었기 때문이다.

2018년의 혁신학교 평균 지원비는 25,470천 원에 불과했다. 혁신학교가 일반학교에 비해 목적사업비로 교부받는 예산 총액이 적은 학교가 나오기 시작했다. 그럼에도 불구하고 '혁신학교는 돈을 많이 주는 특혜를 받는 학교'라는 인식은 사라지지 않았다. "일반학교도 예산만 있으면 혁신할 수 있다"는 인식은 혁신팀에게 숙제를 던졌다. 일회성이나 단기 프로그램 중심 혁신학교 운영에서 탈피해야 하는 시그널을 보여야만 했다.

제3절. 혁신학교 숫자를 줄이는 게 가능한가요?

2018년 무주에서 열린 전국 혁신담당 전문직원 협의회에 참석하여 전북교육청의 혁신 3기 방향을 발표했다. 이 자리에 참석한 전국 혁신담당자들은 우리의 정책 전환에 대해 놀라움을 표현했다. 혁신학교 수를 줄인다는 것은 교육감의 핵심공약을 축소하는 일이었기 때문이다. 우리 교육청의 정책담당 부서에서도 우려를 표명했으나 혁신정책의 선명성을 위해서는 감수해야 함을 피력했다.

교육감 2기 슬로건 '모든 학교를 혁신학교처럼'이라는 교육감의 핵심공약은 혁신팀에게는 큰 부담이었다. 혁신학교 정책과 혁신일반화 정책에 대한 사업추진의 체계를 다시 세워야 했기 때문이다. 2017년 전북 혁신학교의 숫자는 159개였다. 신규로 지정된 학교까지 합하면 2018년에는 169개로 전북 전체 학교의 25%에 달하는 규모였다. 혁신학교의 양적 확대에 대한 비판은 혁신팀에게 새로운 방향과 과업에 대해 고민하게 했다. 혁신팀에서는 이런 비판을 숙고하며 우리 스스로 질문을 던지며 그 답을 찾아가고자 했다.

이런 질문의 답을 찾기 위해 혁신학교 관련 정책에 오랫동안 참여한 전문가들과 협의하며 의견을 들었다. 혁신팀 구성원 모두가 혁신학교의 역할 재정립과 혁신학교 수 적정화가 필요하다는데 동의했다. 혁신학교 수를 적정화한다는 것은 혁신학교의 종류에 따라 새로운 역할과 의미를 부여한다는 것을 의미했다.

계속되는 협의를 통하여 사례를 만들어내는 파일럿 학교의 역할을 '혁신⁺학교'가 담당하고, 혁신학교는 교사들의 실천을 독려하는 장(場)으로 전환하는 방향으로 가닥을 잡았다. 그동안 농산어촌의 작은 학교에 비해 중·대규모 학교의 혁신학교 참여가 활발했고, 다양한 사례가 이어졌다는 분석을 통해 신규 혁신학교 공모 자격[6]을 중규모 이상의 학교로 정했다. 혁신학교의

2018 혁신학교 지정 및 운영 방향

구 분		주요 내용 및 역할	공모절차 및 운영 방향
혁신학교	혁신학교	교육과정과 민주적 학교문화 실천을 목적으로 운영	1. 대상: 혁신학교 미경험학교(초등12학급, 중등6학급 이상) ※소규모학교 초중고 연계 혁신벨트로 지정 가능(2018부터) 2. 운영기간: 3년 + 재지정 3년
	지역형 혁신⁺학교	교육지원청 단위 거점학교, 교육지원청과 연계하여 연수원학교 기능을 수행하여 지역혁신교육의 마중물 역할	1. 대상: 혁신학교 3년 이상 운영교 중 별도의 공모절차 2. 운영방향 - 교육지원청과 협력 하 지역 연수원학교 운영 - 적극적인 연수원학교 운영 - 참학력 기반 혁신교육과정 개발 및 운영 (선택사항)
	광역형 혁신⁺학교	도교육청(광역) 단위 거점학교, 도교육청과 연계하여 참학력 기반 혁신교육과정 개발 및 적용을 통하여 다양한 영역의 교육적 의제를 발굴·실현하는 학교	1. 대상: 혁신학교 3년 이상 운영교 중 준비학교 운영을 통해 2. 주요 운영 방향 - 참학력 기반 혁신교육과정 개발 및 운영 (필수사항) - 도교육청 주관 혁신 정책연구와 연계한 시범운영 - 초중등 학교 교과목 개설을 통한 자율권 확보 실천 노력 3. 운영 기간: 3년 + 재지정 3년(혁신학교 운영 기간 제외)

6) 초등학교는 12학급 이상의 중규모 학교로 공모 기준을 제한함.

70% 이상이 농어촌 소재 소규모학교였기 때문에 도시지역의 대규모 학교를 중심으로 지정할 필요가 있었기 때문이다. 이는 자연스럽게 혁신학교 숫자의 축소로 이어졌다.

이러한 전환은 혁신학교 지정이 종료되더라도 학교에서 지속적인 혁신교육을 실천하는 방향모색의 기회로 삼기를 바랐다. 구성원들의 협의에 의해 앞으로 계속 혁신할 의지를 가진 학교는 교육과정을 심화하여 혁신⁺학교로 도약하는 기회를 주기로 했다. 이런 전환은 동력을 상실한 학교가 '혁신학교'라는 타이틀로 인해 갖는 부담을 가볍게 해주기 위함이었다.

혁신팀에서는 혁신학교 숫자로 대표되는 양적인 성장만이 혁신교육의 성공과 철학을 대표하는 것이 아니라고 보았다. 혁신학교로서 좋은 사례를 만들어낸 학교라 해도 구성원이 바뀌어 운영이 어려워진 혁신학교는 혁신정책을 수행하기 어렵다는 생각이었다. 혁신팀은 혁신학교 운동의 정신이 훼손되지 않도록 정책의 선명성을 담보하기 위한 지원책을 세밀하게 다듬어야 했다.

제4절. 혁신교육의 중심에 교육과정을 세우다

1. 혁신팀의 역할은 파열음을 내는 것

혁신팀은 혁신학교 정책 전환의 핵심목표로 '교육과정 운영의 과감한 실험'을 두었다. 하지만 모든 혁신학교에 동일한 과제를 부여하거나 요구하지 않았다. 다만 교육과정의 새로운 도전을 위해 학교 시스템을 다시 만들어달라는 메시지를 전달했고 혁신교육의 철학에 부합하는 교육과정을 실천하도록 학교에 안내했다.

교육과정 중심의 혁신학교 정책은 혁신'학교의 역할을 세분화하는 것으로 시작했다. 당시 교육부는 미래형 혁신학교를 통해 새로운 혁신교육 정책을 추진하고자 했다. 혁신학교의 종류가 많아 개념이 혼란스럽다는 지적에 따라서 혁신'학교를 '지역형'과 '광역형'으로 세분화해서 추진하기로 했다. '지역형'은 지역에서 교육지원청과 연계한 지역교육을 이끄는 '연수원학교' 기능을 강조했고, '광역형'은 '참학력 기반 혁신교육과정'을 개발하는 임무를 맡겼다.

'광역형'이란 도교육청과 협업을 전제로 교육부 또는 다른 시도를 연계하여 연구하고 교육과정을 개발하는 혁신학교를 지향했다. 따라서 광역형 혁신'학교는 교육과정 연구를 기본과제로 삼아서 연구 협업에 참여하였다. 지역형 혁신'학교로 지정된 학교 중에서도 교육과정 개발을 원하는 학교가 생겨났다. 혁신팀 입장에서 고마운 일이기는 했지만 학교와 교사들의 부담이 가중될 것 같아서 재고해주기를 권했다. 그러나 "교육과정을 알고 실천의 경험이 있어야 지역에서 연수원학교를 운영하는 데 도움을 줄 수 있을 것 같다"는 의견을 받아들여 정책연구를 수행하는 역할도 선택할 수 있게 했다.

동시에, 혁신교육 체제 하에서 교사들의 상상력으로 추진해오던 교육과정 실천사례에 의미를 부여하는 방식의 연구가 필요했다. 전북의 혁신학교 중에는 지역의 특성을 살린 특색있는 교육과정을 운영하는 학교들이 많았다. 훈민정음 창제 원리와 발도르프 교육철학을 접목한 문자지도 실천사례도 있었고, 학습 더딤아[7]를 대상으로 한 기초문해력 실천사례, 학교의 전통과 지역의 특수성이 담긴 사례, 환경과 생태를 위한 사례, 마을교육과정 사례 등 다양한 교육과정 실천이 많았다.

우리에게는 매우 소중한 자료였고 교사들의 이런 실천에 학문적 의미와 가치를 부여해드리고 싶었다. 어려운 설득작업을 통해 연구가 시작되었는데, 몇몇 선생님들은 자신의 방대한 교육과정 실천 경험과 기록 자료를 내놓으며 운동 차원의 혁신을 넘어서 제도적 개선에 더 힘써 달라고 했다. 전주교대 교수들은 교사들의 실천 경험을 통해 학교에서의 교육과정과 수업을 이해하기 시작했고 교사들은 교수와의 협업하며 자신의 교육과정에 대한 학문적 토대를 쌓아갔다.[8]

연구를 진행하는 동안 도교육청 타 부서에서 비판의 소리가 들려왔다.

"교육과정은 엄연히 사업부서가 존재하는데 왜 혁신팀에서 교육과정을 이

---

7) 2015년부터 '부진아'라는 명칭을 '더딤아'로 변경하여 학습자 개인의 성장 속도를 존중하는 철학을 반영한 명칭.

8) 2019~2020년 정책연구는 RDD 방식의 교육과정 정책을 SBCD 방식으로 전환하여 교사들의 교육과정 실천을 분석하고 학문적 의미를 부여하고자 노력하였다. 상향식 교육과정 정책의 개발이었다.

야기하고 간섭하느냐"는 것이었다. 혁신팀이 '월권'하고 있다는 일부 사람들의 비판이 이어졌다. 혁신팀은 사업부서였지만 교육감에게 부여받은 임무는 정책부서 성격이 더 컸다.

'현재 진행하고 있는 정책을 분석하고 파열음을 내라.' 이렇게 학교와 현장의 이야기를 듣고 정책의 문제점을 파악하고 해결하기 위한 선제적인 실험을 하는 것이 주요 임무였다. 하지만 혁신팀의 위상은 모호했다. 연구를 통해 도출된 유의미한 결과를 사업부서와 연계하여 현장에 도입하려고 노력했다. 사업부서와 협업은 쉽지 않았다. 직제상 같은 사업부서다 보니 혁신팀의 정책 제안을 불편해했다.

사전 조율과 협업을 통한 업무추진은 다양한 이해관계에 막히기 일쑤였고, 담당자의 성향과 교육을 바라보는 철학에 의해 방향성이 흔들리는 일이 반복되었다. 연구와 개발을 위한 인사지원 또한 만만치 않았다. '혁신학교는 인사와 예산이 많이 지원되는 특혜를 누리고 있다'는 인식은 혁신학교와 혁신팀이 '특권의식'을 가지고 있다는 노골적인 공격으로 이어졌다.

새로운 정책 수행을 위해서는 예산과 인력이 필요한 것이 당연했지만 곱지 않게 바라보는 시선에 억울한 생각이 많이 들었다. "내가 왜 이런 비난을 들어가면서까지 이 일을 해야 하는가"에 대한 회의감이 밀려오기도 했다. 이때마다 큰 힘이 되어준 것은 혁신학교와 선생님들이었다. 이런 어려움 속에서 '혁신교육의 알파와 오메가는 교육과정이어야 한다'는 혁신팀의 방향에 따른 교육과정 관련 정책은 진행되었다.

2. 혁신학교 정책의 선명성: 참학력 기반 혁신교육과정의 시작

혁신학교의 양적인 성장은 필연적으로 부작용을 동반했다. 혁신정책의 철학이 부재한 혁신학교가 등장한 것이었다. 혁신학교를 사업으로 인식하고 비슷하게 흉내만 내는 혁신학교가 등장했고 학교구성원의 변화로 인한 실천 동력이 상실된 학교도 늘어났다. 혁신학교 실천가 집단 내부에서도 비판이 일었다. 혁신학교에 대한 지원정책이 예전처럼 적극적이지 못하고 있음을 비판하고, "학교가 힘든 상황인데 혁신팀은 무엇을 하고 있느냐" 하는 질책이 이어졌다.

가. 혁신학교에서 지향하는 교육과정에 대한 방향 탐색

학교혁신팀의 역할은 혁신학교, 혁신교육 특구 정책 등 혁신정책과 혁신학년, 참학력학교 운영 등의 혁신일반화 정책으로 나뉘어 있었다. 여기에 참학력 정책을 추진하고 있었다.

'참학력(Authentic Achievement)'은 초창기 혁신학교 운영의 성과를 바탕으로 세워졌는데, 전북의 학교 슬로건을 분석하고, 현장 선생님이 하고 싶은 교육에 관한 조사를 통하여 정립한 새로운 학력관이다. 이 학력관은 전라북도교육과정 정책에 의해 혁신학교뿐 아니라 일반학교에서도 학교교육의 방향을

참학력의 5대 역량

참 학 력		
스스로 배우고	자기주도적 학습 능력	스스로 배움에 도전하고 몰입하는 자기주도적 학습능력
새롭게 생각하며	창의적 문제해결 능력	교과 핵심개념을 이해하고 응용하여 창의적으로 문제를 해결하는 능력
더불어 살아가는	자기관리 능력	자신을 이해하고 사랑하며 삶을 스스로 계획하고 관리하는 능력
	소통 참여 능력	타인과 공감 소통하며 민주시민으로서 참여하고 실천하는 능력
	생태 문화 감수성	자연을 소중히 여기고 다양한 문화와 예술을 향유하는 능력

세우는 데 영향을 주고 있었다. 전라북도교육청에서는 참학력을 구성하는 세부 역량으로 다음의 다섯 가지를 제시하였다.[9]

참학력 정책은 발표되자마자 많은 비판을 받았다. '참학력'의 '참'이라는 단어에 대한 거부감이었다. 이런 오해를 극복하고자 혁신팀은 참학력의 '참'을 경험의 관점으로 보고자 했다. '스스로 배우고' '새롭게 생각하며' '더불어 살아가는' 실제적(Authentic) 경험을 채우는 '참'[10]으로 보고, 학생들이 학교 수업을 통하여 실제 삶의 경험을 채우는 것이 미래를 준비하는 능력을 키우는 것으로 설정했다. 현상의 문제를 해결하기 위해 제시된 역량을 교육과정과 수업으로 구현되는 교육과정(과목)과 이에 대한 연구가 필요함에 주목했다.

나. '참학력 기반 혁신교육과정'을 추진하다

2018년 선거 후 당선된 교육감의 '혁신 미래학교' 공약을 이행하기 위해서는 미래학교에 대한 개념 정리가 필요했다. 혁신팀은 전주교대와 업무협약을 맺고 연구를 추진했다. 이 연구에서 미래학교에 대한 청사진을 수립했다. 이 연구는 변화가 심한 미래를 준비하기 위한 유연한 학교 시스템에 대한 고민에 중점을 두었다. '혁신미래학교' 정책연구는 전북형 혁신미래학교의 디자인과 실행을 위한 법적, 제도적 자율성을 9가지로 제시하고 있는데 우리는 교육부의 자율학교 정책을 최대한 활용하기로 했다.[11]

혁신 미래학교 연구에서는 교육적 상상력을 맘껏 펼 수 있는 법적·제도적 장치를 정비하였으며, 내용은 학교 교육공동체가 채울 수 있게 하였다. 미래학교라는 개념을 구현해 낼 교육과정이 필요했다. 혁신팀은 이를 '참학력 기

---

9) 전라북도 초등학교 교육과정 총론(2021.8.30.)
10) '참'을 '차다'의 동사의 명사형 형태로 봄.
11) 전라북도 혁신미래학교 연구' 정책보고서, 2018. 10.(전북교육 2018-526)

반 혁신교육과정'이라고 이름 지었다. '학교교육은 교육과정으로 말해야 한다'는 판단에 자율학교 제도와 교육과정 자율권을 활용하고 학교의 특색을 담은 교육과정 개발을 지원하기로 했다.

이렇게 만들어진 것이 '학교교과목' 정책이었다. 학교교과목은 학교구성원들의 집단지성을 기반으로 학교운영위원회의 승인을 거쳐 교과목을 개설하는 것이 핵심이었다. 지역과 학교의 특색이 반영된 과목을 개발하기 위해서는 많은 선행작업이 필요했다. 가장 먼저 시작한 것은 모든 혁신학교를 자율학교로 지정하는 것이었다. 학교교과목이 자리를 잡기 위해서는 교육과정 자율권의 확보가 필요했고, 혁신학교 조례 개정을 통해서 2019년부터 교육감 직권에 의해 모든 혁신학교를 자율학교로 지정하였다.

교사들은 이미 주제통합, 교과통합, 융합, 프로젝트 수업을 실천하고 있었다. 이런 경험적 교육과정 지식을 제도화시키는 방안이라 할 수 있다. 우리는 현장 선생님들의 교육과정 실천 기록을 과목 체계로 바꾸어서 학교가 자율적으로 과정을 개설할 수 있도록 방향성을 정하고 사례연구를 진행했다. 이 과정에서 수백 명의 초등교사가 직·간접적으로 참여하여 교수들과 협업을 통해 교육과정 실천 사례를 과목 체계로 정리했고, 실천 경험을 교육과정 이론으로 재정립했다.

교육혁신과의 노력은 학교교육과가 이어받았다. 그동안의 연구에서 도출된 의미들을 분석하여 '전라북도초등교육과정 총론'을 고시하였는데, 교사교육과정과 학교교과목 정책을 정식으로 도입할 수 있는 길을 열어주었다. 이런 전북교육청의 노력으로 2022 개정교육과정에서 '학교자율시간'이 확보되어 과목을 개설할 수 있게 되었고, '교과와 창체의 칸막이'가 제거되었는데, 이런 일이 전북 선생님들이 노력에서 시작되었다고 생각한다.

제3장. 근본적이고 지속적인 혁신의 시작: 양성기관과의 협업

교과를 통합하거나 융합하는 것에 대한 의지를 가진 교사들에게 지속적인 실천동기를 부여하는 시스템이 필요했다.

혁신학교를 중심으로 십 년이 넘는 기간 동안 축적된 교육과정 실천은 양적·질적으로 성숙되어 있었다. 이미 학교 현장은 교사별 학교별로 재구성을 실천하면서 교육과정 지침과 실행방안에 대한 이해력이 크게 신장되었다.

이는 교육과정 자율권에 대한 근본적인 확대의 목소리가 되었고 교과 중심, 시수 중심 교육과정 체제의 한계성 극복을 위해 교사들에 의해 구성된 과목을 정규 교육과정에 담을 수 있는 시스템이 필요했다.

"전주교육대학교를 졸업한 후배들과 제자들을 위해서 함께 힘을 모아주세요."

"현장에서 열심히 노력하고 있으나 스스로 확신을 갖지 못하는 제자들을 위해서 함께 노력해주세요."

— 본문 중에서

제1절. 왜 배운 적이 없는 수업방식으로 가르치라 하는가

1. 아이들은 때려서라도 가르쳐야 한다?

경력 2년차 신규교사의 말이다. 컨설팅을 통해 신규교사들과 관리자들을 면담하고 알게 된 것은 학교 현실과 동떨어진 양성교육이 이루어지고 있다는 것이었다. 아이들을 이해하고 아이들의 삶속으로 들어가 소통하고 함께 할 수 있는 교사를 양성하려면 대학에서 무엇을 해야 하는지를 생각했다.

예비교사 대상의 교육실습 협력학교에서 운영실태를 분석한 결과는 수업 연구 중심의 실습체제가 지속되고 있음을 알 수 있었다. 형식과 절차를 중시하는 실습의 문화, 검열, 관리와 통제 중심으로 이루어지는 것을 확인했다. 학교 현장의 요구를 반영하지 못한 실습환경은 발령 시 시행착오를 일으키는 주요 요인이 되고 있음을 유추할 수 있었다. 관계와 소통보다 절차와 방법 중심의 실습추진은 예비교사에게 학교의 부정적인 관료문화를 미리 경험하게 만들고 있었다.

실습이 진행되는 동안 행해지는 행정처리 과정을 살폈다. 교육실습은 분명 교육대학교의 사업이었다. 교육청에서는 대학의 실습을 지원하는 협력학교를 선정하면 되는 일이었다. 그런데 협력학교에서는 교육대학교의 행정업무를 대신해주고 있었다.

교육실습에 관한 사항은 혁신팀 사업이 아니었지만 바로잡는 노력이 없으면 고창의 새내기 교사에게 들은 "때려서라도 가르쳐야 한다" 말을 또 들을까 두려웠고 조심스럽게 혁신팀의 의견을 모아서 전주교대에 전달했다. 지침에 제시된 내용을 분석하고 몇 가지 제안을 했다.

첫째. 권위주의적 용어 사용의 조정

실습록에서 사용되는 용어인 '검열', '모범수업' 등의 용어는 교사를 통제해야 하는 대상으로 바라보는 것이어서 교사를 주체적 전문가로 대하려는 교육청의 철학과 맞지 않은 부분은 조정해달라.

둘째, 실습록 대강화와 실습생의 철학적 성찰을 유도하는 방향으로 개선 제안

학교 현장에서는 교육과정 운영의 맥락 속에서 수업 나눔이 이루어지고 있으므로 시간 단위 수업 분석 중심으로 작성하기보다 교사가 교육과정을 운영하는 것에 집중하도록 개선해달라.

셋째, 실습 행정처리 간소화 방안 마련

실습 협력학교에서 진행하도록 되어있는 재료비의 집행과 결재 및 교생 실습과 관련한 설문은 대학에서 직접 실행하는 것을 제안했다.

2. 왜 배운 적이 없는 수업방식으로 가르치라 하는가

지역의 선생님들과 함께하면서 자주 들은 이야기다. 그중에서 가장 많이 들은 말은 '배운 적이 없는 방식으로 가르치기를 강요하지 말라'였다. 교육과정 총론은 역량 중심, 성취기준 중심으로 가르치라고 되어 있지만, 현장 교사들의 수업은 그대로였다. 교사들에게 '역량'과 '성취기준'은 문서나 연수에서 접하는 수사에 불과했다. 교사들이 초·중·고를 거치며 배워왔던 수업문화가 그대로 교실에서의 교수·학습 실행의 문화로 이어졌다.

이런 수업문화의 견고함을 깨뜨리는 방안을 고민하며, '배운 적이 없는 방식'이라는 표현에서 교원 양성기관의 교육과정을 생각하게 되었다. 수십 년 전 나의 대학 시절과 교육대학교가 갖는 지역사회에서의 위상을 생각했다.

- 교원 양성에만 전념하는 기관인가?
- 지역의 교육과정 정책과 연계하여 지원하는 방안은 없을까?
- 지역사회 교육과정에 대한 초등교육 자료 축적은 이루어지고 있는가?

2018년 4월 12일 전주교육대학교에서는 '전주교대 발전협의회' 워크숍이 진행되고 있었다. 이날은 지역의 교사들이 교대생을 대상으로 '혁신교육 아카데미'를 진행하는 날이었다. 행사를 마치고 동료 장학사와 남은 시간을 활용해서 교수들 사이에서 어떤 논의가 진행되는지 들어보기로 했다. 우리는 워크숍에서 전주교육대학교 교수님들이 처한 현실과 생각을 알게 되었다.

1. 몇몇 교수들을 중심으로 변화와 혁신에 대한 갈급함이 존재하고 있음을 알게 됨.
2. 대부분의 교수들은 현장 교사들과 연계되지 못한 강의 및 교육과정에 아쉬워함.
3. 현재 진행 중인 현장과 연계한 연구는 대학원생 중심으로 극히 협소한 네트워크를 가지고 있어 한계가 있으며 이를 개선하기 위한 노력이 필요함.
4. 임용과 함께 타지역에서 전입한 교수들은 지역 내 인프라의 구축이 어려운 상황이었음.

— 2018년 4월 12일 성찰글 중에서

워크숍이 끝난 후 행사의 기획을 맡은 담당자와 잠시 면담의 시간을 가졌다. 면담을 통해서 대학이 가지고 있는 어려움과 앞으로 하고 싶은 사업에 대한 의지를 읽을 수 있었다. 이미 전주교대는 학교의 발전을 위해 강도 높은 혁신을 준비하고 있었고 교육청과의 협업을 통해 변화를 추구하려 했다. 마음 한구석에서 늘 아쉬움으로 자리하던 지역 교원양성기관과의 협업이 현실로 이어질 수 있다는 생각에 추후 실무협의를 진행하기로 했다.

2018년 5월 11일, 담당 교수들을 만났다. 협업의 방향과 지향을 정하고 세부적인 콘텐츠를 선정하는 자리였다. 혁신팀에서는 ① 부설학교의 혁신을 통한 '전북형 혁신미래학교' 성장 ② 실습제도 개선, ③ 교육대학교 양성 교육과정의 변화, ④ 연구 협업 등의 안건을 가지고 협의에 임했다. 교대 또한 현장과의 협업을 확대하는 방안을 제시했다.

협의의 내용은 다음과 같다.
- 대학과 연계한 연구용역 수행 방안에 대해 지속적으로 협력한다.
- 석사학위과정(4호 파견) 신설을 위한 협의를 진행한다.
- 교대 교육과정 변화를 유도하기 위한 협력을 지속한다.
- 예비교사 현장실습 제도 개선을 위한 협의를 지속한다.

혁신팀 단독 사업으로 추진하기에는 어려움이 있어 전라북도교육청 정책공보관실과 연계하는 것이 필요했다. 2018년 6월, 전북교육청과 전주교대 사이 MOU가 체결되었고[12] 양성기관과의 본격적인 협업을 시작할 수 있었다. '교사자격증을 부여하는 양성기관'의 역할에서 벗어나 지역의 교육정책을 연구하고 지원하고 학문적 성과를 축적하는 기관으로의 변화가 시작된 것이다.

---

12) 2018년 6월, 정책공보담당관실 주관으로 전주교대와 업무와 연구를 위한 MOU가 체결되었다.

3. 협업은 어떻게 진행되었나

전주교육대학교와의 MOU 체결 이후 본격적인 협업이 시작되었다. 새로운 체제를 마련하기도 하고 기존에 진행하던 프로그램을 더 내실화하는 작업을 진행하기도 했다.

첫째, 예비교사 실습체제 개선

멘토링 형태의 실습의 경우는 2018년에 기획되었으나 여러 가지 사정으로 실현되지 못하다가 사업부서의 노력으로 혁신*학교를 중심으로 멘토형 교육실습이 진행되기도 했다. 혁신팀에서 이런 노력을 한 이유는 실습제도를 변화시키는 성과보다 다양한 영역에서 혁신의 철학을 구현할 수 있는 기초를 다져놓는 것이 중요하다고 생각했기 때문이었다.

누구를 위해서 아이들을 때려서라도 가르쳐야 하는 것일까? 실습은 아이들과 소통을 배우고 교사로서 역할 행동을 탐색하는 매우 중요한 시간이다. 다양한 방법과 장소에서 학교현장을 배워가는 노력이 필요하다.

둘째, 전주교대에 석사학위과정(4호 연수 파견) 신설

타 시도의 사례를 보면 가까운 지역의 교대로 연수 파견을 가고 있었다. 그러나 전라북도 초등교원의 석사학위 연수 파견은 교원대에만 한정되어 있었다. 전북에 살고 있지만, 석사학위 취득을 위해 교원대로 출퇴근하거나 숙소를 마련해야 하는 어려움이 있었다. 이를 해결하기 위해 교육감에게 건의했고 시범적으로 소수의 인원부터 연수 파견을 보내는 것으로 결정되었다. 하지만 당초 파견된 교사들이 학교교과목 연구와 기타 교대와 협업하는 교육과정 혁신에 주도적으로 참여하기를 바랐으나 기대만큼 이루어지지 못한

점은 아쉬웠다.

결국 이 협력과정은 2022년을 끝으로 일몰되었다. 전북의 초등교사들이 지역에서 성장할 기회를 놓치는 결과로 이어졌다. 이 사업은 지역의 대학교가 앞으로 살아남기 위해서 무엇을 준비해야 하는지 질문을 던져주고 있다.

셋째, 혁신교육 아카데미의 전환

혁신교육 아카데미는 2014년 전북대, 전주대, 군산대를 대상으로 시작되었고 2018년 즈음에는 점차 전주교대, 원광대로 대상이 확대되어 진행되고 있었다. 이러한 혁신교육 아카데미의 외적인 성장의 모습과 더불어 운영 방식에 대한 이견과 문제점 들이 제시되었다.

첫째, 타 교과, 전공과목과의 연계성이 약하므로 변화가 필요하다.

둘째, 혁신정책을 소개하는 내용 중심의 프로그램 진행방식은 재고가 필요하다.

셋째, 현장 교사 중심 강사진 배치와 교육과정 실천 중심으로 전환해야 한다. 이를 위해서는 특강의 형태가 아닌 3~4차례의 지속적인 토론 등의 방식을 도입해야 한다.

이러한 문제제기를 바탕으로 혁신교육 아카데미는, 현장의 교사들 중심으로 운영되었으며, 내용 중심의 강의보다는 활동 중심 교육으로 전환되었다. 혁신팀과의 협의 영향인지 몰라도 전주교대의 혁신노력은 더 현실적인 주제와 방식으로 진화하여 '온 고을 예비교사, 교육과정의 주체로 서다'라는 협력사업을 기획하였다. 실제 학교에서 발생하는 중요한 주제들을 중심으로 프로그램을 편성하였고, 현장 교사들을 강사로 위촉하고 싶다는 의견을 전해왔다. 혁신팀에서는 학교교육과의 초등교육팀과 협업을 통해 프로그램을 기획하여 제공하였다.

구분	주 제	구현 방식
1회기 (2H)	읽고 쓰지 못하는 아이들, 정말 많나요?	• 기초문해력 교육을 위한 학생 관찰 및 발달단계 이해 • 그림책, 동시집을 활용한 기초문해력 교육
2회기 (2H)	숫자 포비아, 수학 더딤 학 생 어떻게 도와야 하나요?	• '기초 수해력' 교육을 위한 학생 관찰 및 발달단계 이해 • 수학교육과정 분석과 단계별 더딤 학생 지도
3회기 (2H)	아이들은 놀면서 배운다 (Ⅰ)	• '놀 틈, 쉴 틈, 꿈꿀 틈' 틈새놀이 • 아이들과 함께 논다? 아이들에게 놀아준다?
4회기 (2H)	내가 꿈꿔온 교사, 하고 싶 은 수업(교육과정) 만들기 (Ⅰ)(Ⅱ)(Ⅲ)	• 꿈꿔온 수업 생각 공유하기(1H)-퍼실리테이션 • 교육과정 얼개만들기(1H)- 실습
5회기 (2H)		• 팀활동 - 팀별 교육과정 성취기준 만들기(1H) • 팀활동 - 팀간 성취기준 공유하기(1H)
6회기 (2H)		• 팀활동 - 교과서 만들고 나누기 • 전체활동 - 교사의 생각이 교육과정으로 구현되는 과 정 이해하기(실습된 결과를 통해)
7회기 (2H)	아이들은 놀면서 배운다 (Ⅱ)	• '놀 틈, 쉴 틈, 꿈꿀 틈' 틈새놀이 • 아이들과 함께 논다? 아이들에게 놀아준다?
8회기 (2H)	수업과 평가가 하나라고 요?	• '폭망한 내 수업, 이렇게 살아나다' 사례 발표 • 성장평가의 본질과 성취기준 중심 평가-수업 성찰 • 교육과정-수업-평가와 기록의 일원화
9회기 (2H)	내가 하고 싶은 수업, 어떻 게 하지?	• 교육과정의 유형 탐색하기 • 자신의 교육과정 실천을 위한 계획 만들기
10회기 (2H)	교사로서의 삶 기획하기	• 교육과정 생산자로서의 삶에 대한 성찰하기 • 다양한 방법으로 나누기

위 기획안의 핵심 메시지는 기초학력의 신장 방안, 교육과정 구성 능력의 신장, 아이들과의 소통 능력 신장을 주제로 하고 있다. 이는 ① 초등교사로 양성되지만 읽고 쓰고 셈하지 못하는 아이들을 이해하지 못하는 예비교사를 위한 프로그램이며, ② 예비교사들을 위한 교육과정을 기획하고 만들어내는 프로그램, ③ 아이들과 함께 놀며 소통할 수 있는 프로그램이다. 이 프로그램들은 예비교사로서 실질적인 현장의 문제를 고민하고 실습하는 기회를 주고자 했다.

넷째, 교사교육자(교수)들을 위한 지원

전주교대와의 협력으로 혁신정책을 알리는 것도 중요하지만, 최근에 일어나는 학교 현장의 변화를 교사교육자들에게 알리는 것도 중요했다. 현장의 교사들은 세월이 지나도 변함없는 교육대학의 교육과정 변화를 요구하고 있었다. 교사와 교수가 연구공동체를 통해 교수들이 학교 현장을 이해하고 지원하려는 노력이 필요함을 알려야 했다. 전북교육청이 지역의 대학을 협력과 성장의 동반자로 인식하고 함께하려고 한다는 것을 보여줘야 했다.

그렇게 제안한 것이 '참학력 기반 혁신교육과정' 연구였다. 이 연구를 통해 교수들은 학교현장의 교육과정과 수업 현실을 마주했고, 이 과정에서 얻은 성찰을 통해 교육청과 지역의 양성기관이 협업해야 함을 느낄 수 있었을 것이다.

제2절. 교사, 교육과정을 만들다

1. 대학과의 협업, 교사 성장의 필수조건

혁신정책이 추진되는 동안 많은 교육과정 사례가 만들어졌다. 학교와 교사들의 실천은 '개인기에 의한 실천사례'로 평가절하되고 있었다. 이런 상황에서 교사들의 실천과 성장은 제도적 발전으로 나아가지 못했다. 교사들의 실천을 가치롭게 만들어야 했다.

2015 개정교육과정은 핵심역량과 교과 역량은 제시하고 있지만, 그것이 교육내용과 교육과정으로 구현되는 절차에 대한 안내는 없었다. 총론 수준에서 제시된 선언적 성격의 핵심역량만으로 학교 현장의 교과 시수 중심 교육과정의 한계를 극복할 수는 없었다.

학교 현장에서 역량 중심 교육과정 실천은 교사들의 헌신과 열정을 바탕으로 운영되는 일이었다. 헌신과 열정의 바닥에는 학생들이 살아갈 미래가 있었고, 미래가 필요로 하는 교육을 갈망하는 아이들의 눈빛을 외면하지 못하는 교사들의 사랑이 깔려있었다.

혁신학교를 중심으로 십 년이 넘는 기간 동안 축적된 교육과정 실천은 양적·질적으로 성숙되어 있었다. 이미 학교는 재구성을 실천하면서 교육과정 지침과 실행방안에 대한 이해력이 크게 신장된 상태였다. 교과 중심, 시수 중심 교육과정 체제의 한계성 극복을 위해 교사들에 의해 구성된 과목을 정규 교육과정에 담을 수 있는 시스템이 필요했다.

자율권 20퍼센트와 창의적 체험활동을 활용하여 교사들이 과목을 만들자는 아이디어가 나왔다. 이런 '학교교과목 개발' 연구의 아이디어를 제공한 것은 중학교의 자유학기제 정책이었다. 창의적 체험활동에 자율권을 발휘하는 것은 한계가 있었다. 교과 교육과정에 과목을 개설하는 방법 외엔 돌파구가 보이지 않았다. 그러나 초등학교에서는 이마저도 어려웠다. 과목이 들어갈 교과 편제가 없었기 때문이다.

초등교사의 교육과정 전문성 신장과 더불어 미래교육을 위해서는 교육과정 연구 개발 방식을 변화시켜야만 했다. 향후 개정되는 교육과정에 교사들의 실천이 교과목으로 구현되는 내용을 반드시 포함해야 했다. 이런 혁신팀의 아이디어와 교육과정 정책 비전에 대해 일각에서는 "**그냥 개별적으로 실천하면 되는 것이지 그것을 꼭 인정받아야 할 필요는 없다. 교과목의 형태로 만드는 과정이 또 하나의 업무를 만들어내는 일이다**"라는 비판 의견도 있었다.

그러나 혁신팀의 생각은 달랐다.

- 개인의 실천을 공식화하는 것은 초등교사의 교육과정 전문성 논란을 잠재울 수 있다.
- 도입 초기에는 문서화 과정이 어려울지라도 그것이 일반화되었을 때는 간소화될 수 있다.
- 어떻게 해서라도 교사교육과정이 비집고 들어갈 틈을 만들어내야 한다.
- 학교 교육과정 정책의 다양화를 마련해서, 실천하고자 하는 교사에게 선택권을 줘야 한다.

전국시도교육감협의회와 혁신담당관 협의회에 참석할 때마다 타 시도에 전북의 정책방향을 피력했으며, 교육부 혁신정책과를 통하여 교육과정 정책과 관계자와 협의를 진행하도록 요구했다. 하지만 돌아온 교육부 교육과정 정책과의 답변은 한결같았다. 지금까지 사례가 없다는 것과 초등학교 교사들에게는 과목을 개설할 교과 전문성이 부족하다는 것, 지금까지 주어진 교육과정 자율권을 제대로 사용하지도 못하면서 과하게 자율권을 요구한다는 것이었다.

혁신팀은 이미 넘쳐나고 있는 사례를 정리하고, 초등교사의 교과목 개설 전문성을 보여주면 된다고 생각했다. 문제는 이런 사례정리와 교과목 개설 전문성을 학문적으로 검증하는 절차였는데, 이를 해소할 방안은 전주교대 교수들과의 협업이었다. 사실 전북교육청은 지역 대학과의 연구가 상대적으로 적었다. '전북의 초등교육 연구의 중심에는 전주교육대학교가 있어야 하며, 교육대학교가 단지 교사 교육 역할만 해서 임용고시만을 준비하는 대학이 되어서는 안 된다'는 시각도 있었다.

전주교대 교수와의 협업은 내용적 엄밀성을 확보하는 것과 과정적 절차와 기능과 요소들이 어떻게 종합적으로 구성되어 있는가에 대한 해석과 의미를 부여하는 과정이었다. 이런 협업의 과정은 혁신팀에게는 구체적인 사례를, 교사교육자들에게 학교의 현실과 교육과정 운영의 실태를 확인해주는 계기가 되었다.

2. 혁신교육과정 개발 연구의 추진 과정

2018년 말에는 전주교대와의 업무 및 연구 협약, 그리고 미래형 혁신학교 정책연구를 바탕으로 본격적인 교대와 협력연구가 기획되었다. 혁신팀에서는 연구의 방향 설정을 위한 자료의 조사를 본격적으로 시작했다.

가. 연구과제 선정을 위한 협의

연구기관 선정 후 교대와의 협업을 위해 연구과제와 방법에 대한 협의가 진행되었다. 최초 혁신팀의 아이디어는 현장 교사들의 교육과정 실천 재구성 자료를 기반으로 교사와 교수의 협업이었다. 혁신팀은 기존의 교육과정 연구 개발 확산의 방식인 RDD 방식[13]의 관점에서 교사들의 실천을 중심으로 학교에서 진행되고 있는 사례를 기반으로 교육과정을 이해하고 연구 개발하는 방식인 SBCD 방식[14]으로 연구를 진행하기로 했다.

"전주교육대학교를 졸업한 후배들과 제자들을 위해서 함께 힘을 모아주세요."
"현장에서 열심히 노력하고 있으나 스스로 확신을 갖지 못하는 제자들을 위해서 함께 노력해주세요."

연구에서 중요한 것은, '교수들이 가지고 있는 분과적 교육과정의 시각을 극복하는 일이었다. 분과적 시각으로 교사들의 실천을 평가하거나 재단하지 않아야 했다. 교사 실천의 이면에 존재하는 철학과 삶의 과정을 읽어내어 실천을 지지해주기를 바랐다.

나. 연구의 추진 과정

연구의 큰 걸림돌은 소통 부족과 불신이었다. 하나는 교사들의 교수들을 향한 불신이었고, 다른 하나는 교수들의 현장에 대한 이해의 부족이었으며, 또 다른 하나는 협업의 경험이 부족한 대학과 교육청의 미숙함이었다. 혁신팀은 연구 진행을 위해 교수들과 협의를 시작했다.

---

13) Research Development and Difuser: 교수들에 의해 연구개발된 교육과정을 확산하는 방식.
14) School Based curriculum Development: 학교에서 실천되는 교육과정을 기반으로 개발하는 방식.

협의를 진행할수록 교육청의 정책과 대학의 교육 방향은 완전히 별개라는 것을 알게 되었다. 통합교육에 대해 연구자들은 다양한 개념을 가지고 있었다. 교과교육이나 내용학을 전공한 교수들에게 현장에서 이루어지는 재구성에 기반한 참학력은 뜬구름 잡는 소리였고 교과통합은 실체도 없어 보이는 것에 불과했다.

당초 혁신팀이 연구에 거는 기대는 교사들의 실천에 의미를 부여하고 국가에서 제시한 역량이 학교의 교육과정과 수업으로 어떻게 연계되고 있는지를 설명해내는 것이었다. 교과교육과정이라는 틀로 분석하기보다는 '교사들의 마음을 읽고 그 배경에 숨겨진 의도를 발견해달라'는 것과 '교육활동을 분석하고 그에 대한 교육과정적 의미를 부여해달라'는 것이었다.

연구자들과 교사교육과정, 교사의 교육철학, 교과목을 이야기하는 것이 불가능해 보였다. 첫 시작부터 부딪힌 난관이었다.

연구진들과 협의를 마친 혁신팀에게 새로운 벽이 기다리고 있었다. 교육청과 교육대학교를 바라보는 교사들의 불신이었다. '교사들을 수단으로 대할 수도 있다'는 불안감은 연구의 과정에서 자신들이 수단화될 가능성이 있음을 걱정하였고 이런 이유로 자신들의 실천기록을 공유할 수 없다는 것이었다.

교사들의 입장도 이해가 갔지만 포기할 수는 없었다. 함께했던 담당 장학사는 그동안 함께 실천해온 혁신학교 교사 중심으로 직접 방문하여 설득하였다. 선생님들의 실천기록을 공유해 달라는 부탁과 함께 '선생님들의 실천을 정리해드리려고 한다'며 사업 취지와 앞으로의 계획 등을 설명했다. 이런 과정을 통해 모인 실천기록은 50여 건이었고, 이중 22명이 연구 개발에 참여하게 되었다.

어렵게 교육과정 실천기록을 공유받은 후 기증한 교사와 교수들의 협의 시간을 가졌다. 처음 시도하는 연구의 형태이고 방식이어서 그런지 모두 혼란스러워했다. 교사교육과정이 가진 가치에 대해서 설득하는 과정을 거쳤고 대략적인 진행방식에 대한 합의가 이루어졌다. 처음 시도하는 것이기도 하고 연구비 또한 넉넉지 않은 상태에서 교수들의 많은 참여를 기대하기는 어려웠다.

교수	교사	연구(개발) 제목
오○○○	윤○○	학생들과 방귀 트는 어느 농촌 초등교사의 참학력 기반 글쓰기 교육
		아이들과 더불어 배우고 깨치는 앎과 삶
서○○	신○○	훈민정음 제자 원리와 감성적 교육 방법으로 다함께 배우는 1학년 1학기 한글교육과정
	장○○	감성을 일깨우는 저학년 시 교육과정
	홍○○	초등 학습자의 언어 발달 단계에 따른 문자 학습 교육과정
	형○○	대강화된 교육과정을 기반으로 하는 탄탄한 우리 말글 교육과정
신○○ 배○○	김○○	동작 중심 표현 교육과정
	박○○	놀이 기반 창의융합 교육과정
	박○○	공동체 구성원과 함께 하는 일상생활 영위 능력 함양 교육과정 – 인간의 조건: 교실에서 최소한으로 살아보기
	김○○	착한 소비로 더불어 살아가는 세상 만들기 교육과정
임○○ 정○○	송○○	생각하는 대로, 말하는 대로
	신○○	달그락 덜그럭 동시 요리사
	이○○	'나'라는 세상
채○○	최○○	참학력을 위한 초등학교 3학년 교육과정 재구성에 대한 A교사 사례 연구
	이○○	참학력 신장을 위한 B교사의 초등학교 2학년 교육과정 재구성 과정 분석: 2015개정교육과정을 중심으로
박○○	심○○	회현초등학교의 부부리 마을 교육과정
	김○○	덕일초등학교의 앎과 삶을 담은 공간 교육과정
은○○ 탁○○	이○○	앎과 삶을 연결하는 역량 중심 교육과정
	진○○	삶과 배움의 통합을 위한 평화샘의 마을교육과정
	김○○	초등학교 1학년의 행복한 삶을 물들이는 성장 중심 교육과정
송○○	황○○	'테마식현장학습'을 통해 소통하는 교육과정
	소○○	'감사하는 마음'을 통해 소통하는 교육과정
	이○○	'줄넘기' 활동을 통해 소통하는 교육과정

연구 진행과정의 문제점은 생각보다 훨씬 많았다. 교수들은 교사들을 자문가로 여겼고 교사들은 스스로를 공동연구자로 인식했다. 논의 끝에 참여 교사들이 교수들의 의견을 받아들여 자문가 역할을 수행해야 했는데, 자신이 기증한 교육과정을 가지고 연구하는 교수들의 이해와 성장을 이끌어야 한다는 생각에 힘들어하는 교사들이 생겨나기도 했다.

연구 시작 전 교사들의 우려가 현실로 나타나려는 조짐도 보였다. 혁신팀은 업무를 추진하면서 교사들에게 매우 미안한 생각이 들었다. 그러나 연구 목적이 교육과정 개발만이 아님을 이해시켰고 큰 목적을 위해서 조금씩 양보하기로 했다. 교수와 교사의 소통 정도에 따라 팀별 연구 성과는 큰 차이를 보였지만, 의미있는 성과들을 만들어내고 있음은 분명해 보였다.

2019년에 실시한 '참학력 기반 혁신교육과정 개발 연구'는 우여곡절 끝에 마무리되었다. 보고회는 학술대회 형태로 진행되었는데 교육부 관계자(혁신정책과)를 비롯해서 전국에서 혁신정책을 담당하는 장학관 장학사들이 함께 했다. 학술대회 주제는 '교육과정 개발자로서의 교사'였다. 교사에게 교육과정 개발자라는 역할을 공식적으로 부여해주고 싶었던 꿈이 실현되고 있음에 감사했다.

연구의 성과물에 대해서 의문을 제기하는 사람들도 있었지만, 눈에 보이는 것보다 보이지 않는 성과가 상당했다. 우선 연구를 진행한 교수들의 인식이 연구 초기와 비교해서 전향적이고 긍정적으로 변해있었다. 현장에서 교육과정이 어떻게 운영되고 있는지를 생생하게 눈으로 확인한 교수들의 태도 변화는 양성기관과 연구를 통해 교원 양성 교육과정 변화를 의도했던 혁신팀의 의지와 정확하게 일치하는 것이었다.

연구 성과는 2020년 연구로 이어졌다. 1차년도의 경험을 바탕으로 사전 연구팀을 구성할 수 있었고 교육과정을 개발하는 혁신⁺학교의 등장으로 연구에 참여하는 교사 숫자가 300명이 넘었다. 이들은 개별적 또는 연구회, 동아리 형태로 참여하거나 혁신'학교의 일원으로 연구에 참여하였다.

학교 단위로 참여하는 연구는 지역의 여건을 살린 학교교과목을 개발하는 방식으로 진행되었고, 개인이나 연구회, 동아리 등은 그들의 실천에 의미를 부여하는 것으로 방향을 잡았다. 모든 연구가 짜임새 있게 진행되었지만, 코로나로 인해서 학술대회가 온라인 중심으로 진행되어 아쉬움을 남겼다.

제3절. 혁신교육과정 연구의 과정

2019년 교대와 협업 연구는 전라북도 초등교육과정 정책 방향성에 대해 많은 시사점을 남겼다. 협업을 추진하는 여러 가지 목적 중 하나는 교사교육 과정 정책을 공식적으로 도입하는 것이었다. 1차년 연구를 통해 교사들의 실천이 교육과정화될 수 있다는 가능성을 엿본 연구진과 혁신팀에서는 본격적

참학력 기반 혁신교육과정의 기저와 역할[15]			
교육과정(교과내용)은 어떤 요구(Needs)에 의해서 결정되었는가?			
교과	학문·교과·국가사회의 요구	지역사회, 개인 학습자의 요구	교과
인지적 영역	국가 개발 교육(교과)과정 교과 내용에 담긴 국가 사회의 요구(필요)에 의한 교육	지역·학교 교육(교과목)과정의 실현 지역사회·개인학습자 요구에 의한 학습권 실현	사회·정서적 영역
	국가교육과정 충실한 이행(80%)	학교교과목(20%)	
인지적 취약 계층	인지적으로 취약한 개인을 위한 맞춤형 교과목(프로그램) 필요 (지극히 개인에 요구되는 영역이어서 국가에서 제공하지 못하는 프로그램 접근)	지역사회에서의 자존감, 효능감, 안정감, 소속감 등을 위하여 교육을 사회생태학적 관점으로 접근하여 구체화 함 (사물·세상과 학습자의 관계 기반)	실현방안
구현방안	교사에 의한 학교교과목(프로그램) 개발	참학력 역량중심의 교과목 개발	구현방안
PISA[16]	우리나라 교육에 대해서 인지적 중심의 교육에서 사회·정서적 영역에 대해서도 변화가 필요함		

15) 전라북도교육연구정보원 학교지원부 협조 정리.
16) EBS, 2019.10.31.방영, 「한-OECD 국제교육컨퍼런스 특집_안드레아스 슐라이허 OECD 교육국장 대담」 중에서.

으로 초등 학교교과목을 개발하는 방향으로 초점을 잡아갔다. 초등학교에서 교과목 개설에 대한 인식이 불충분한 상태였기에 목표와 방향성을 제시하는 철학적 기초를 수립해야만 했다.

우선 교육과정(교과내용)을 구성의 요구(필요) 주체를 세분화했다.

1주체는 학문, 교과, 국가사회, 2주체는 지역사회, 개인학습자 요구로 구분하였다. 이를 반영한 교육(교과) 내용을 국가에서 개발한 교과와 지역과 학교 현장에서 필요하나 국가에서 미처 개발하지 못한 것을 학교교과목이라 구분하고자 하였다. 국가교육과정을 충실히 이행함을 전제로 지역사회와 개인의 요구에 기반하여 그 요구를 더 잘 파악하고 있는 개발 주체들의 장점을 집중적으로 부각하는 방식을 택했다.

학교교과목은 다시 세 가지로 접근·분류하였다. 첫째는 '인지적 취약계층을 위한 교과목 교육과정', 둘째는 지역과 학습자의 학습권 보장을 위한 주제 중심 교과목 교육과정, 셋째는 지역사회를 기반으로 사회생태계적 관점으로 교육을 구체화하는 '학교단위 역량 중심의 교과목'으로 나눴다.

현행 법령상 초등학교에서 교과목 개설은 법제화되어있지 않다. 교과목이 편제되는 교과를 지정해야 하는데 기존의 교과 체제로는 각 학교의 특성과 요구를 포괄하는 교과 코드가 없는 실정이었다. 1차년도 연구가 교사의 교육과정 실천기록을 교육과정화하는 데 집중하였다면, 2차년도의 연구는 제도적 뒷받침이 있을 때 교과목을 만들어낼 수 있는 사례를 만드는 데 연구 역량을 집중했다.

1. 2020년 학교교과목 교육과정 개발 연구주제의 선정

영역	학교	교과목 주제
학교단위 교과목 (지역사회 교육과정)	A초	부부리 마을교육과정
	B초	서로를 살리는 '공동체 교과목' 개발
	C초	꿈바라기학교(지역 기반 확장형 마을교육 거버넌스 구축 및 모델 제시)
	D초	지역사회 연계 교육과정(나는 동산인이다)
	E초	글구멍 틔움 교육과정(문해력 신장 영역)
동아리단위 교과목 (민주시민 교과목)	F초	삶의 성장을 위한 글쓰기
	G초 중심	1. 온작품 읽기 학년단위 교사교육과정 적용방안 2. 학년군별 특성에 맞는 온작품 읽기와 쓰기 능력 신장 3. 민주시민교육을 위한 온작품읽기 교육과정
	A초 동학년	1학년 종합 선물세트(평화, 환경, 소통, 존중과 책임, 놀이)
	H초 연합	가치 중심 민주시민교육 프로젝트 교육과정 개발
	I초 연합	서로 다름을 이해하고 존중하는 문화다양성
	J초	마을교육과정
개인연구 (삶에 필요한 역량 중심 교과목)	K초 형○○	동그라미 대화(회복적 서클활동)를 통한 참학력 역량 교육과정
	L초 김○○	미적 체험 활동 기반 문화다양성 교육과정
	M초 송○○	생각하는 대로 말하는 대로 season 2
	K초 이○○	문화다양성 교육
	N초노○○	연극 만들기 활동을 통한 교과 통합
	O초 정○○	지속 가능한 환경 교육
	P초 김○○	사회: 학생자치활동 중심의 민주시민교육
인지적 취약계층 교과목	E초 연합	기초를 다지는 학년별 국어 수업
	Q초 고○○	1학년 기초문해력 향상을 녹여낸 당당한 1년 학급교육과정 개발
	R초 신○○	훈민정음 해례본과 감성중심 활동으로 다함께 배우는 1학년 2학기 한글교육과정

2019년과 2020년에 걸쳐 혁신팀과 전주교대가 협업하여 주체적으로 연구한 결과는 여러 경로를 통하여 다른 지역에 영향을 미쳤다. 여러 사례가 포럼, 토론회, 학술지를 통하여 알려지며 2022년 개정 교육과정을 준비하는 여러 팀에 참고 자료가 되었을 것으로 보인다. 여기에 경기도를 비롯한 충북

등에서 학교의 자율적인 과정 운영에 관한 제도적 변화를 촉구하였는데, 이는 각 교육청의 교육과정 고시의 형태로 구체화되었다.

연구의 성과를 바탕으로 교육과정 담당부서에서는 '전라북도초등교육과정[17]'을 고시하게 되었다. 이 고시는 교사교육과정과 학교교과목 정책을 '고시'라는 행정절차를 통하여 공식적으로 명문화했다는 데 의의가 있었다. 또한 학교자치 차원에서 교육공동체의 자율성과 전문성에 기반하여 교육감의 승인을 받지 않아도 학교운영위원회의 심의를 통해 교과목을 개설할 수 있는 절차를 마련함으로써 실천의지가 있는 교사들이 실천할 수 있는 길을 제공했다는 점에서 의의가 크다고 본다.

전북의 학교교과목 정책은 2022 개정교육과정에 반영된 '학교자율시간'과 궤를 같이한다. 이로써 전북을 비롯한 전국 선생님의 교육과정 실천이 공식적인 교육과정으로 인정받을 수 있는 길이 열리게 된 것이다.

2. 2022 개정교육과정 '학교자율시간'의 의미

첫째, 초등교사들에게 교육과정 내용 구성의 권한이 부여되었다.

수동적으로 국가에서 부여한 교육과정만 충실히 이행했던 처지에서 지역과 구성원의 요구에 의해 교육과정을 구성할 수 있는 길을 열었다. 그동안 초등교사들에게는 교육내용 구성 권한 자체가 없었다. 창의적 체험활동이라는 '활동'만 할 수 있는 매우 어중간한 역할을 하는 신세였다. 교과교육에서도 자율권이 부여되었지만, 주어진 성취기준 중심의 운영은 실질적인 운영이 불가했다.

---

17) 2021. 8. 30. 고시

둘째, 혁신학교에서 성장해 온 교사들의 자존감을 높여주었다.

혁신학교에서 교육과정 실천을 통해 성장한 교사들의 상처는 실천 성과를 부정당하는 것이었다. 그러나 교육과정 개정으로 인해 평가절하되었던 노력이 공식 교육과정으로 인정받을 수 있게 되었다. 혁신학교와 실천하는 선생님들께 가졌던 부채 의식이 해소되는 순간이었다.

셋째, 초등교사들의 전문성에 대한 질문을 던져주었다.

초등교사들의 전공은 '초등교육'이지만 '초등교육'이라는 단어가 가진 개념적 정의는 명확하지 않았다. 각자 다양한 경험을 통해 정의하고 있을 뿐이다. '학교자율시간'의 신설은 초등교사의 전문성이 교육과정이라는 것을 선언하는 것과 같다. 왜냐하면 분과적 시각으로는 내용을 구성할 수 없기 때문이다.

넷째, 학령인구 감소와 농어촌 교육환경 붕괴의 속도를 늦추는 힌트를 제공하였다.

농산어촌 지역의 학생 수 급감을 극복하는 대안으로 유·초·중·고등학교의 통합이 거론되고 있다. 지금도 학교급 간 통합학교는 많이 존재한다. 그러나 '건물만 통합', '교장만 통합'했을 뿐이다. 초등학교에서 '학교교과목'의 도입은 중학교와 고등학교와 연계한 공통교육과정 운영이 가능하다는 것을 의미한다. 지역 내 초·중·고등학교가 같은 교과목을 개설하여 12년간 지속적으로 공부하게 되었을 때 얻을 수 있는 효과에 대해 상상해보자. 지역에 대한 관심과 애정은 물론이고 대학 입시와도 연계되어 큰 위력을 발휘할 수 있기 때문이다.

3. 2020년 참학력 기반 혁신교육과정 개발 연구의 성과와 시사점

2019 연구를 바탕으로 촘촘하게 기획된 2020년의 연구는 결과의 측면에서도 진일보했다.

'지역, 학교에서 개발된 교육과정을 지속가능한 방식으로 안착시키기 위해 현장과 학계가 공동으로 연구했다는 점에서 그 의의를 높이 평가함.'

'초등교사를 양성하는 전주교대가 전방위적으로 참여하고 있고 이를 계기로 예비 교사 교육 단계에서 학교나 교실 교육과정을 개발하는 방향으로 대학의 교사교육 내용에 변화가 있을 것이라는 점이 합리적으로 예측됨.'

— 2020 정책연구 보고서 평가 결과 중에서

연구를 마치고 문제로 지적된 연구보고서의 질은 연구평가를 통해 연구자에게 통보하였고 개선의 노력이 없는 경우에는 연구자를 교체하기로 했다. 나아가 연구의 질을 높이고자 2021년의 연구수행 조건에는 학술지에 등재하는 것을 필요조건으로 추진하여 연구 결과의 질을 확보하기로 했다.

연구의 방식 또한 세분화되었는데, 학교 단위로 참여하는 연구는 지역 여건을 살린 학교교과목을 개발하고, 개인이나 연구회, 동아리 등은 그들의 실천에 의미를 부여하는 것으로 방향을 잡아 짜임새있게 연구가 진행되었다.

하지만, 코로나로 인해서 학술대회가 온라인 중심으로 진행되어 아쉬움을 남겼다. 보이지 않는 곳에서 묵묵히 자신의 실천을 내어준 선생님들, 어려움 속에서도 연구의 목적을 이해하고 자신을 희생하면서 함께한 선생님들이 주인공이 되는 자리를 마련하고 싶었지만 그러지 못함이 못내 아쉽게 느껴졌다.

제4장. 혁신교육의 질적 심화와 지속가능성

학교와 교사들의 어려움을 파악하는 것에서 시작해서 장학사의 업무는 시작된다. 법령과 규정을 분석해서 장학사의 재량으로 할 수 있는 일들을 찾아가는 노력은 보람된 일이 아닐 수 없다. 교사들의 힘듦과 어려움을 해결하기 위한 노력은 에너지를 필요로 하지만, 그로 인한 교사들의 환한 웃음은 소모한 에너지의 몇 배로 보답하고 있었다.

— 본문 중에서

"아니, 교육청은 자기들 돈으로 하면되지 왜 맨날 지자체에 와서 돈을 달라고 하나? 교육은 자기들이 하면 되는 거 아냐?"

— 2017 특구포럼 준비과정에서 모 지자체 간부의 발언

"저는 교육은 학교에서나 하는 줄 알았는데, 오늘 와서 보니 깜짝 놀랄 정도입니다. 앞으로 지역에서도 더 많이 교육에 대해 관심 갖고 열심히 함께하겠습니다."

— 2017년 교육특구 포럼 ○○시장의 축사 중에서

제1절. 혁신교육 정책, 지역과의 연대에서 해답을 찾다

1. 논의의 시작

2017년 4월 초, 혁신교육특구 중간보고회를 준비하라는 지시를 받고 지원청 장학사들과 실행방안을 협의했다. 지역에서 혁신교육특구를 담당하는 장학사들의 전반적인 의견은 "단순 보고회로 끝내지 말고 성과를 확대하자"는 의견이었다. 혁신교육특구를 운영하는 장학사들 생각은 이랬다.

- 전 지역의 사례를 모으고 포럼의 형식으로 지혜를 모아보자.
- 내년 지방선거와 연계해서 지자체의 단체장과 의원들에게 적극 홍보하고 그들의 정책으로, 공약으로 삼게 하자.
- 혁신교육특구 사례뿐 아니라 농어촌교육특구까지 논의에 포함시키자.

2. 아이디어, 자발성 그리고 역할 분담

교육특구 포럼을 진행하기 위해서는 지원청 장학사들의 협조와 도움이 필수적이었다. 또한 교육특구 업무에 부담을 가진 장학사들과 함께 협업하면서 철학적 접근을 통해 인식을 변화시키려는 노력도 필요했다. '어떤 방식으로 진행할 것인가'를 생각했다. 일단 모여서 서로의 이야기를 듣고 조정하고 조율하고 생각의 궤를 맞춰가는 작업이 필요했다.

장학사들은 교육특구의 철학을 공유하고, 운영 방향을 모색하기 위한 포럼의 형식을 고민했다. 토론으로 끝내는 것보다 박람회 형식을 도입하여 지자체와 교육청 그리고 마을교육공동체 등 관련자들이 모두 함께 만나 사례를 공유하자는 의견이 나왔다. 그것을 감당할 수 있을지 자신하기 어려웠지만, 충분히 가치있는 행사가 될 것이라는 생각이 들었다.

행사에 참가하는 공동체는 각 지원청과 연계해서 운영되는 체험처였는데 행사의 취지를 듣고 모두 흔쾌히 함께하기로 했다. 실제로 참가한 공동체들은 교통비 수준의 지원금으로 큰 행사를 함께해주었다. 나중에 알게 된 일이지만 시골 마을까지 아이들이 들어와서 수업을 진행한 경험이 이분들의 자발적인 참여를 이끌어냈다고 한다. 마을에서의 수업은 생기를 돌게 하고 자신의 생업에 대한 자긍심을 갖게 해주는 일이었다. 이분들은 **"돈도 필요 없으니 뭐든 함께하겠다"**는 의지를 밝혔다. 지원청 장학사들의 노력이 가져온 결실이었다.

3. 발로 뛰는 행정, 고비를 넘기는 힘이 되다

지자체를 움직이는 일은 매우 힘들었다. 되도록 많은 지자체 관계자가 교육 특구 박람회에 참여하기를 바랐다. 곧 이어질 지방선거에 출마하는 관계자들의 공약에 지역 교육과 관련한 사항이 포함되도록 분위기를 조성해야 했다. 지원청에 근무할 때 군청의 관계자들을 만나면서 본질적 한계를 많이 느꼈었다.

지자체의 반응이 이해가 가는 부분도 있다. 모든 사업은 도교육청을 통해서 진행되기 때문에 지원청은 예산편성과 의사결정 권한이 없다. 교육특구 포럼 추진에 있어 내 역할은 (도교육청의 장학사로서) 지자체를 다니면서 관계자들을 만나 행사 참여를 독려하고 교육특구의 의미를 설명하는 것이었다. 나의 작은 발걸음이나마 지원청 장학사들에게 힘이 되고 싶었다.

이상한 시선으로 바라보는 곳도 있었다. 모 지자체를 나오는데 뒤에서 들리던 그들의 소리가 잊히지 않는다.

"아니, 교육청은 자기들 돈으로 하면 되지, 왜 맨날 지자체에 와서 돈을 달라고 하나? 교육은 자기들이 하면 되는 거 아냐?"

4. 노력은 배신하지 않는다

어려움 속에서도 포럼(박람회)은 순조롭게 준비되었다. 행사를 기획할 때 가장 그려내고 싶은 부분은 각 지역의 시장, 군수와 교육장이 함께 손을 잡고 무대 위에 올라서서 함께 인사하는 장면이었다. 지금까지 한 번도 볼 수 없었던 광경을 만들어보고 싶었는데 실제로 그런 장면이 연출되었다. 그 장면 하나로 이 포럼의 목표를 모두 달성했다고 해도 과언이 아니었다. 각 시·군별로 해당 지역의 교육장이 간단한 인사말을 했고, 이어서 시장이나 군수를 소개했다. 그리고 지자체장이 인사말을 건네고 앞으로 함께 교육을 고민해나가자고 했다. 의도했던 그림이 너무 쉽게 빨리 나와버렸다.

"저는 교육은 학교에서나 하는 줄 알았는데, 오늘 와서 보니 깜짝 놀랄 정도입니다. 앞으로 지역에서도 더 많이 교육에 대해 관심 갖고 열심히 함께하겠습니다."

자치단체장의 인사말은 준비기간 동안 겪은 어려움과 수고로움을 한꺼번에 씻어주었다. 이는 행사장 뒤편에 자리한 51개의 부스에서 홍보해주신 각 시군에서 참가한 공동체 대표들의 노력으로 만들어진 큰 성과였다. 이 행사에 참여한 지자체 관계자들은 지역의 군민과 시민들이 무엇을 원하는지 알게 되는 시간이 되지 않았을까? 행사가 끝나고 포럼이 열리는 동안 홍보 부스를 순회하며 박람회에 참가한 단체의 관계자분들을 한 분씩 만나 감사의 인사를 드렸다.

> 필자: 지원금도 없는데 이렇게 함께해주셔서 감사합니다. 이번 행사의 의미는 참여해주신 것만으로도 충분히 충족시킨 것 같습니다. 큰 발을 내디딜 수 있게 도와주셔서 감사합니다.
> 공동체: 뜻깊은 일에 동참하게 되어서 오히려 우리가 고맙습니다.

다음 글은 2017년 11월, 특구 포럼이 끝나고 행사의 의미를 되새기며 기록한 성찰글이다.

뭔가 큰 행사를 끝내면 홀가분해야 하는데 그렇지 않다. 큰 행사를 앞두고 있을 때는 부담감이 밀려왔어야 했는데 그렇지 않았다. 나의 담력이 커진 것일까? '교육특구 포럼 & 박람회', 올해 들어서 내가 한 일 중 가장 큰 행사였고, 개인적으로도 무척 의미있게 생각되는 행사였다.

이번 포럼과 박람회는 '작은 보고회'를 준비하는 것에서 시작했다. 박람회는 성과를 외적으로 드러내는 시간이었고 포럼은 성과를 정책으로 풀어내는 이론적 바탕이 될 것이다. 포럼의 주제선정은 교육특구라는 제한된 주제에만 머무르지 않았고 교육과정과 방과후학교와 마을학교, 그리고 고등학교 지원정책까지 포함시켰다.

첫 번째 주제는 마을과 교육과정과의 연계다.

마을이 가진 콘텐츠가 학교의 교육과정에 들어올 수 있는가에 대한 담론과 사례를 발표했다. 마을에서 아이들을 돌보고 있는 마을교육 운동가를 발제와 토론자로 섭외했다. 학교와 마을이 어떻게 만나고 있고 어떤 콘텐츠로 교육을 채워가고 있는지를 공유하고 생각하는 시간을 가졌다.

두 번째 주제는, 교육특구를 통해 지역과 함께 지원하는 고등학교 정책이다.

학력의 핵심 영역은 고등학교의 대학 진학이다. 고등학교 정책을 포럼의 큰 주제로 삼은 것은 혁신정책이 고등학교에서는 힘을 쓰지 못하고 있다는 판단이 들어서였다. 학생부 종합전형은 교육과정과 수업이 변하지 않으면 실현 불가한 일이다. 지역의 콘텐츠와 학교를 연결하는 일을 고등학교 혁신정책 추진의 중요한 실마리로 교육특구와 연계하고 싶었다.

셋째는, 마을학교와 연계한 방과후학교 운영 방향을 이야기했다.

마을학교, 마을의 공동체와 연계한 방과후학교 교육 사례를 소개하고 방향성을 짚어보는 시간을 갖는 것이었다. 지자체를 대상으로 '보육은 지자체의 몫이니 가져가라'는 말은 할 수 없다. 대안을 마련해야 하는데 단순히 업무를 떠넘기는 것이어서는 안 되었다. 지자체에서 왜 아이들을 돌봐야 하는지, 그것이 갖는 의미를 돌아봐야 했다.

제2절. 혁신교육 연수를 전환하다

혁신학교 정책의 성장은 교원연수 시스템의 성장과 맥을 같이 해왔다. 혁신정책 시행 초기, 사람들이 가졌던 혁신에 대한 물음표는 파격적인 연수정책으로 인해 느낌표로 바뀌어 갔다. 전라북도교육연수원 연수는 타시도에서 벤치마킹할 정도로 창의적이었다. 지역에서 필요한 연수는 지원청에서 연수를 개설하여 지원했다. 교육연수원과 대학 연수원에서만 진행되던 연수는 적극적인 연수정책에 힘입어 단위학교까지 장소가 확장되어 혁신정책의 마중물이 되었다.

이런 연수정책의 확산은 '혁신정책의 전반적인 이해의 확장'을 가져왔다는 긍정적인 측면과 함께 양적 확장에 기반한 연수가 '전문연수꾼' 또는 '연수 소비자'만 양산하지 않았는지를 검토할 필요가 있었다. 혁신팀에서 추진하는 연수 또한 같은 고민을 하고 있었다. 대표적인 연수로는 '혁신학교 유공 교원 해외 연수'와 '혁신'학교 국제교류 프로그램' 등이 있었다.

1. 혁신교육 해외연수: '에듀케이션 투어'를 넘어서

해외 혁신학교의 사례를 통해 전북 혁신교육의 방향성을 탐색하기 위한 해외연수는 2011년 핀란드와 스웨덴, 2013년 독일과 프랑스, 2015년부터 매년 북유럽과 북미지역을 중심으로 진행되었다. 해외 연수 초기, 혁신정책 선진국들의 사례는 선생님들에게 혁신교육에 대한 영감을 주기에 충분했고, 연수에 다녀온 교사들은 별도의 스터디 모임을 만들어 주기적으로 사례를 나누는 등 인적 네트워크를 만들어갔다.

하지만 같은 형태의 연수가 반복되면서 문제가 생겨나기 시작했다. 실천가들의 교육적 상상력을 촉발하기 위한 연수는 혁신학교를 거쳐간 교사들의 유공에 대한 보상의 의미처럼 여겨지는 풍토가 등장했다. 이때부터 연수가 아닌 '에듀케이션 투어'로 전락하고 있다는 비판의 목소리가 나오기 시작했다.

혁신팀의 연수와는 별도로 혁신'학교에서는 자체적으로 해외 혁신학교와 교류사업을 추진하고 있었다. 학교에서 직접 해외 혁신학교에 연락을 취하고 방문하여 그들의 교육을 참관하는 형식의 교류였다. 그러나 이런 교류는 학교의 부담이 되었고 지속적으로 이루어지지 못했다.

혁신팀에서는 해외연수에 대한 분석을 통해 학교의 행정적 부담 완화와 질적 성장을 지향하고자 했다. 해외연수가 유공 교원에 대한 보상 개념을 넘어 새로운 연수 의제가 필요했고, '교육과정 중심 혁신학교' 정책과 연결해야 했다.

교육과정 중심의 혁신학교, 전북교육의 참학력을 교육과정에 반영하는 구체적인 실행방안이 필요했다. 국가에서 제시한 핵심역량이 교사들의 수업으로 이어지는 해외 사례를 분석할 필요성이 있었다. 스쳐 지나는 연수가 아닌 머무는 연구가 필요했다. 최소한 한 달 정도는 해외 학교에서 현지교사와 협업하면서 역량이 수업으로 연결되는 과정을 관찰해야만 가능한 과정이었다. 혁신팀은 교육감과의 정책간담회가 끝나고 혁신팀에서는 곧바로 교육과정 중심의 해외연수를 위한 작업에 착수했다.

혁신팀은 지난 몇 년간 꾸준하게 교류해오던 독일 혁신학교 운동 실천가인 '앨버트 마이어(Albert Meyer)' 선생님과 지속적으로 연락을 취하면서 실마리를 풀어가기 시작했다. 마이어 선생님은 '헬레네랑에(Helene Lange)'에서 혁신교육을 함께했던 인적 네트워크를 활용해서 몇 개 학교와 협업을 추진하도록 도와주었다.

사전답사를 통해 현지의 학교와 교육 일정을 조율하며 연수가 준비되었고, 독일에서 2주, 영국에서 2주 동안 연수를 진행하는 데 성공했다. 2019년 4월, '혁신교육과정 개발'을 연구과제로 한 학습연구년제 참여 교사와 참학력 지원센터 파견교사로 구성된 12명의 연수생은 독일과 영국에서 1개월에 걸쳐 혁신학교 교육과정을 공부했다. 이들의 성과는 '참학력 기반 혁신교육과정 개발' 연구로 이어졌다. 연수 추진의 과정에서 겪은 어려움을 세세하게 열거하기는 어렵지만, 직접 발로 뛰면서 현지 학교의 교사 연수 커리큘럼 등을 협의하고, 선생님들이 이용할 교통편, 숙소, 식사 등의 문제까지 사전에 조율하는 것은 쉽지 않았다.

연수는 독일의 4개 학교에서 진행되었다. 초등교사들은 독일 비스바덴에 위치한 혁신학교인 '캠퍼스 클라렌탈(Campus Klarenthal)'과 마인츠 시골 마을에 위치한 '가오 오덴하임(Gau-Odenheim-Grundschule)'으로, 중등교사들은 '헬레네랑에'와 "괴팅겐학교(IGS Göttingen)'에 배치되어 연수를 시작했다. 이들은 현지의 교사들과 협의하고 수업을 함께하며, 한국을 알리는 수업 등을 실시하여 교육과정 정책연수와 더불어 한국과 전북의 문화를 알리는 역할을 함께했다.

영국에서의 연수는 런던에 위치한 'School 21'이라는 학교에서 진행되었다. 이 학교는 초중고의 과정의 교육과정을 계열성 있게 연결하여 수업을 진행하는 것이 인상적이었다. 이것은 초·중 연계 교육을 지향하고 있는 우리의 정책적 의도와 결을 같이하고 있었기 때문에 연수학교로 선정하였다. 수업에서 배운 모든 내용은 활동을 통해 표현하게 하였고 진로교육과정과 연계하여 학교 주변의 체험처를 최대한 활용하는 방식 또한 마을교육공동체를 추구하는 전북교육청과 방향성이 같았다.

아이디어를 정책으로 만들어내는 작업, 한 번도 시도해본 적 없는 사업추진은 상당한 준비작업이 필요했다. 혁신학교 해외연수는 학교와 교사들의 이야기를 자양분 삼아 새로운 정책의 돌파구를 마련하고자 하는 혁신팀의 의지와 맞물려 흔들림 없이 추진되었다. 실제 연수를 준비하고 진행하는 과정에서 담당 장학사의 어려움은 상상을 초월했다.

2020년에는 2018년부터 준비하여 진행한 2019년 연수의 성과를 바탕으로 독일의 다른 지역의 혁신학교와 영국의 생태전환대안학교, 이스라엘의 혁신학교에 이르기까지 그 범위를 확대하기로 했다. 진행을 위해 현지답사까지 마쳤으나 감염병인 코로나19로 인해 연수는 중단되었다. 하지만 교육과정 중심으로 진행한 연수 방식은 해외연수의 새로운 방향성을 제시하기에 충분했다는 평가를 받았다.

2. 학습연구년제와 교사의 성장

교사들에게 학습연구년제는 로망이다. 힘들고 지친 몸과 마음을 치유하고 성장하는 좋은 제도이기 때문이다. 그러나 연수생의 숫자가 정해져 있기에 경쟁이 치열하다. 연구년제는 기관과 연계해서 진행하는 정책연구(40%)와 자율적으로 진행하는 자율연구(60%)가 있다. 교사들은 출퇴근에 부담 없고 연구주제에 자유로운 자율연구를 선호한다. 혁신팀은 해외 혁신학교 연수를 학습연구년 제도를 활용하기로 했다. 정책 연구년의 비율을 높이는 방향으로 교육감과 면담을 했다. 교육감의 뜻은 확고했다.

"교수들은 안식년이고 교사들은 연구년이다. 교사들에게도 안식년이 반드시 필요한데, 사회적 통념상 교사가 안식년을 하는 것에 대해서 부정적이다. 본래의 취지를 살리기 위해서라도 정책연구보다는 자율연구에 조금이라도 더 무게를 두고 싶고 그것이 교사들을 위하는 길이다."

— 2018년 관련업무 보고 시 김승환 (전)교육감 발언

결국 정책연구년의 비율을 높이지 못하고 혁신팀의 정책연구에 지원하는 교사를 대상으로 해외연수 대상을 선발하기로 했다. 혁신학교 근무교사나 일반학교 근무교사 중 참학력지원단 활동을 통해 교육과정 실천경험이 있는 교사들이 선발되었고 연구와 연수를 함께했다. 선발된 교사들은 해외연수 전 자신이 가게 될 해외학교 교육과정을 분석하였고, 교육과정 이론 공부를 통해 전문성을 갖추고 연수에 임했다.

교사들은 많은 활약을 했다. 연구보고서가 학술지 논문에 게재되는 교사도 있었고, 대학과 연계한 협력 연구에 참여하여 연구의 방향을 리드하기도 했다.

3. 학교 내 학습공동체 학점 지원 정책을 도입하다

혁신정책 초기부터 혁신학교 추진을 가능하게 만든 혁신시스템은 학교 내 전문적 학습공동체의 활성화였다. 학습공동체를 통한 학교 운영은 혁신학교가 가진 가장 큰 성과였다. 학습공동체의 운영이 가능하게 만든 정책은 '배움과 성장의 시간'이었다. 정책적으로 수요일에는 출장이나 회의를 제한했고 공문도 발송하지 않았다. 일주일에 한 번이라도 학교의 구성원들이 모여서 교육과정과 수업, 아이들을 중심에 놓고 집단지성을 발휘해달라는 의도

였다.

'배움과 성장의 시간'은 초창기에는 큰 역할을 했으나 시간이 지나면서 또 하나의 업무로 인식되고 있었다. 이 시간을 통해 아이들을 지도하는 사례를 나누거나 수업 나눔, 수업 대화 등을 권장했는데, 형식적으로 운영되면서 피로감을 호소했다. 아이들 중심 대화와 수업 나눔은 같은 이야기가 반복될 뿐 아니라, 자신의 수업을 공개해야 하는 부담이 있었고, 학교 구성원들과 지속적으로 성장하려는 중간 리더의 존재가 희미해지고 있었다.

혁신학교 실천가들은 혁신학교에서 만이라도 배움과 성장의 시간 또는 교육과정 워크숍에 적극적으로 참여할 수 있는 명분과 제도(학습공동체 연수학점 이수제도)를 만들어달라고 요구했다. 관련 부서와 기관에서는 이에 대한 부작용을 우려했다. 혁신학교의 특혜라고도 하며, 이런 사례가 없었다는 것이었다. 하지만 타시도 교육청의 사례를 제시함으로써 긍정적인 협의를 끌어낼 수 있었다.

관련 부서와 세부 협의를 진행하고 정책 초기에 발생할 수 있는 부작용의 최소화를 위해 1년차에는 혁신학교만을 대상으로 하고 2년차부터 단계적으로 일반학교에 확대하는 것으로 정하고 타 부서와 역할을 분담했다.

기관별 협업 내용

기관(부서)	내 용
교육혁신과	* 연수 운영 계획 안내, 공모, 대상학교 선정 * 연수 운영 학교 컨설팅, 연수 운영 관리 * 연수 결과 정리 후 결과자료 연수원에 전달
전북교육연수원	*'학교 안 전문적 학습공동체' 연수 과정 개설(시스템 활용) * 수강신청 안내 및 연수 결과 이수 처리, 나이스 등재 요청 *'전문적학습공동체' 리더 연수 개설 운영(2020)
교원인사과	* 나이스에 연수학점 등재

이러한 노력은 2023년 현재 일반화되어 학교 안 학습공동체의 유지와 성장으로 이어지고 있다. 연수의 목적은 연수기관의 성장에 있지 않다. 교원들의 성장이 연수기관의 목적이라면 목적 달성을 위해서는 연수 시스템도 변해야 한다. 교사들의 연수에 대한 인식과 관점이 다양화되고 있고, 학교별 상황이 매우 다른 상황에서는 학교와 교사들 사이로 깊숙하게 스며드는 연수 정책의 도입이 필요한 이유이다.

　정책을 대하는 태도에 따라서 성과는 달라진다. 학교와 교사들의 어려움을 파악하는 것에서 시작해서 장학사의 업무는 시작된다. 법령과 규정을 분석해서 장학사의 재량으로 할 수 있는 일들을 찾아가는 노력은 보람된 일이 아닐 수 없다. 교사들의 힘듦과 어려움을 해결하기 위한 노력은 에너지가 필요하지만, 그로 인한 교사들의 환한 웃음은 소모한 에너지의 몇 배로 보답하고 있었다.

제3절. 기록이 기억을 이긴다

　2019년이 들어서며 앞으로 다가올 여러 변수로 인해 과연 혁신교육은 지속가능한 학교 문화로 자리 잡을 수 있을지 논의하기 시작했다. 혁신학교에 지원되는 예산은 매년 예산편성 시 문제예산으로 지적되었다. 예산의 낭비를 막기 위한 의회의 노력은 충분히 이해했으나, 주기별로 반복되는 자료 요구는 담당자들을 매우 힘들게 했다. 국회에서도 수시로 국정감사 자료를 요구받았다. 이런 공격과 요구가 있을 때마다 혁신팀은 관련 자료를 만들어야 했고 이로 인한 에너지 손실은 컸다.

　대책이 필요했다. 혁신정책 10년이 다 되어가는데 그동안의 정책추진 과정을 제대로 정리한 기록이 존재하지 못했다. 기록이 있더라도 자료를 모아놓은 날것의 형태로만 존재할 뿐 체계적으로 정리된 것이 없었다. 혁신학교의 실천기록 또한 마찬가지였다. 그동안 상당한 성과를 만들어 낸 혁신학교가 많았는데 구성원이 바뀌고 혁신을 대하는 태도가 변함에 따라 귀중한 자료가 묻힐 위기에 처해있었고 혁신학교 실천은 말로만 전해오는 전설이 되어가고 있었다.

　실천가들의 헌신으로 일궈 낸 혁신학교 성과가 물거품처럼 사라지는 것을 두고 볼 수는 없었다. 기억은 기록을 이기지 못하기에 혁신정책과 학교별 실천 역사를 글로 남겨야만 했다. 그것이 혁신정책과 혁신학교를 운영하신 선생님들을 위해 혁신팀이 할 수 있는 최소한의 예의라는 생각이 들었다.

2019년을 시작하면서, 전북 혁신학교의 출발점이 되었던 학교를 대상으로 기록물을 지원하는 방안을 기획하였다. 최대한 학교에 부담을 주지 않는 차원에서 제작 형태와 방법 등에 대해서 안내하고 선택은 학교의 판단에 맡기기로 했다.

도서로 제작하는 형태는 다양했다. 혁신학교 운영 시 생산해 낸 공문과 보도자료, 사진 등을 빠짐없이 묶어낸 학교도 있었고, 그림책 형태로 만들어서 아이들과 학부모까지 재미있게 읽을 수 있도록 만든 학교도 있었다. 학교를 거쳐 간 선생님들과 학생들의 생생한 인터뷰를 중심으로 제작하는 학교도 있었다. 모두가 혁신학교 초기 어려움을 극복하고 의미를 찾으며 한 걸음씩 새 길을 만들어갔던 사람들의 피땀 어린 발자취가 고스란히 담겨있었다.

영상으로 제작한 학교에서는 학교의 철학과 특색을 담아서 아이들과 교사들이 함께 학교를 소개했다. 살아 숨 쉬는 혁신학교 아이들과 교사들의 생동감 넘치는 모습이 영상에 담겼고, 모든 영상은 전라북도교육청 공식 유튜브 계정에 탑재했다. 이는 2021년까지 총 40여 개에 달하는 학교별 백서가 마무리되어 혁신교육 실천을 기록으로 남길 수 있었다.

학교별 백서는 교사들의 헌신과 열정의 결정체였고 소중한 교육실천을 소환해주었다. 내가 근무하던 학교 또한 백서를 제작했는데, 글을 읽어가면서 학교에서 희로애락을 같이했던 선생님들, 아이들, 학부모들 얼굴이 하나씩 스쳐갔다. 어려운 여건 속에서도 함께했던 시간을 잊지 않고 누군가 이렇게 기억하고 있다는 사실 하나만으로도 위안을 받는 것 같았다. 함께해주신 선생님들의 헌신과 애쓰심에 감사한 마음을 글로 대신 전해드리고 싶다.

이와 별개로 교육청 차원의 기록물을 어떻게 남길 것인가에 대해 협의했다. 기록물을 만들어내는 범위와 주체에 대해서도 결정해야 했다. 먼저, 혁신정책의 전반을 기록화해야 한다는 생각으로 정책의 변화를 자료로 정리하기로 했다. 이에 따라 각 기관(교육연수원, 연구정보원, 각 교육지원청 등)의 혁신정책을 기록하게 되었다. 실천사 집필을 위해서는 30여 명의 전·현직 전문직과 현장 교원들이 머리를 맞대고 집필을 시작했다.

2021년 1월, 「전북 혁신교육 10년, 그 너머」라는 제목으로 전북혁신교육 실천사는 280쪽의 책자로 발간되었다. 실천사에는 혁신학교를 운영했던 학교 또는 현재 운영하고 있는 185개 학교 이야기들이 담겨있다.

혁신정책이 무결점의 완벽한 정책은 아니다. 추진과정에서 발생한 수많은 부작용도 있었다. 그러나 이런 부작용이 진실된 실천을 모두 가릴 수는 없다. 어려운 상황에서도 동료들과 아이들과 함께 실천하던 학교공동체의 노력은 전북교육의 성장에 의미있는 발자취가 될 것임을 확신한다.

제5장. 행정혁신의 시작, 우리는 교육자다

행정직원 스스로 교육자로서 역할 인식을 하고 보람을 갖도록 새로운 모델을 만들어야 했다. 행정직들의 정식 명칭은 '지방교육행정직'이다. 법적으로나 하는 행위로나 의심할 바 없이 교육자들이다. 교육자로서 행정을 지원하고 예산을 활용하는 것이 본분이다. 그런데 교사들의 눈에 비친 행정직원은 회계직에 다름 아니다. 최소한 학교에서 근무하는 동안이라도 교육자로서 역할을 하도록 지원하고 싶은 생각이 들었다.

교육의 영역을 함께한다는 것이 아이들과의 활동만을 말하는 것은 아니다. 교무협의나 워크숍 등을 통해서 교사와 아이들의 상황을 듣고 그에 맞는 지원활동을 함께 기획하고 업무추진 방식을 전환하는 노력을 함께해야 함을 말한다. 예산과 시설을 관리하고 지원하는 일의 지향과 목적에 아이들이 있음을 이해해야 한다. 예산의 집행 과정에만 한정하여 사고하는 방식에서 벗어나야 한다. 함께 고민하는 시간이 부족하면 아이들이나 교사들의 상황을 잘 모르기 마련이다. 함께 협업하고 고민하는 과정이 필요한 이유다.

— 본문 중에서

제1절. 혁신의 주체로서 교육행정직원과 제도적 한계

1995년 '5·31 교육개혁' 이후 학교와 교육은 커다란 변화를 겪어왔다. 이러한 변화는 지방자치와 더불어 교육자치, 학교자치에 이르기까지 중대한 고비마다 교육의 이슈를 선정하는 데 중요한 이정표가 되어왔다. 교육개혁과 더불어 학교에 불어닥친 신자유주의 철학은 학교공동체를 근본적으로 뒤흔들어 놓았고 지금도 진행형이다. 경쟁 논리는 학교라는 공간을 '많은 주체들이 한데 모여 자신들의 목소리를 높여가는 정치 공간'으로 만들었다.

나는 혁신담당 장학사로 근무하면서 학교공동체 속 구성원들이 겪어야만 하는 교육과 행정의 갈등과 딜레마를 극복해보고자 했다. 함께 근무하는 교육행정직원이 회계 전문가만이 아닌 교육 주체로서, 교육자로서 전문성과 직무만족도를 향상시킬 수 있도록 문화를 만들고 싶었다.

'5·31 교육개혁' 이후 학교의 모든 운영체제가 전산화되었고 특기·적성 교육을 시작으로 도입된 방과후학교와 돌봄이 도입되었다. 더하여 무분별한 비정규직 확산은 학교가 교육의 장이 아닌 이권 다툼의 장으로 인식될 정도의 혼란을 안겨주었다. 이는 교사와 교육행정직원 모두에게 또 다른 숙제를 안겨주게 되었다. 나이스(NEIS)를 비롯하여 각종 전산시스템 도입은 교육을 위한 시스템인지 시스템을 위한 교육인지 혼란을 줄 정도로 큰 부담으로 다가왔다.

2015년 컨설팅 당시 교사도 관리자도 '일을 열심히 하는 것은 아이들을 위해서 당연한 것'이라는 생각이 많았다. 학교의 일이 모두 아이들을 보살피기 위한 일이어서 교사들의 영역이나 본분이 어디까지인지 구분하기는 쉽지 않았다. 그러나 학교의 철학을 세우고 구성원들이 협의하면 얼마든지 부담을 줄일 수 있는 일이 많았다.

1. 교사들의 불만: 교사는 수업을 위해 존재하는 사람이다

'5. 31. 교육개혁' 이전의 학교문화는 대체로 아이들 교육에 전념할 수 있는 문화가 자리 잡고 있었다. 교사들은 아이들을 위해서라면 어느 정도 헌신과 희생이 필요하다는 생각이 컸다. 스스로 산업화 일꾼들을 길러내고 있다고 자부했다. 그래서 교육과정과 직접적인 관련이 없다 하더라도 아이들에게 도움이 되는 것이고 아이들을 위한 것이라면 희생과 헌신을 해서라도 아이들을 돌보는 일을 주저하지 않았다.

교육개혁과 IMF를 겪으면서 교사들을 바라보는 사회의 시선이 달라졌다. 헌신을 미덕으로 삼던 교사들은 달라진 시선에 당황했고 상처를 안은 채 교단을 떠났다. 전산시스템의 도입과 더불어 쏟아진 신자유주의 교육정책은 교사들의 인식을 변화시켰다. 방과후학교, 돌봄 기능 확대, 학교평가, 정보공시, 교원평가 등은 필연적으로 교육행정직원 증가로 이어졌다. 그러나 증원 과정에서 역할에 대한 논의는 없었다. 교육행정직원이 충원되었으나 교원의 업무부담은 줄어들지 않았다.

학교 안에서 교육행정직의 역할은 교육에 대한 고민보다 회계 중심 업무에 집중되어 있다. 회계업무는 집행과 결과에 책임을 져야 하기에 보수적으로 접근하기 쉬운데, 교원들에게 증빙자료를 과하게 요구하는 사례가 생겨났다. 교사들의 불만은 커졌고 교원단체 중심으로 교원들의 업무경감 목소리를 높여가기 시작했다.

2. 교육행정직원의 불만: 행정직은 교사들의 허드렛일을 하는 직이 아니다

진보 교육감이 등장하게 되면서 교육의 본질을 회복하자는 혁신학교 운동이 시작되었다. 민주적인 학교문화를 시작으로 교육과정의 내실화를 통한 아이들의 살아갈 힘을 기르자는 운동이 확대되었다. 교육과정에 집중하기 위해서는 교사들의 업무를 경감해야 했으므로 교원단체 협상을 통해 일정 부분 업무가 행정실로 이관되거나 교감급 관리자들이 맡아서 처리하는 일들이 늘어났다. 교사들은 당연히 환영했지만, 교육행정직원들은 불만이 쌓일 수밖에 없었다. 결국 공무원 노동조합이 성장하여 교원노조와 대립하게 되는 결과를 초래했다.

교육과정이 다양화되면서 행정실도 바빠졌다. 마을교육과정, 혁신교육이 보편화되면서 늘어난 체험학습과 특별 프로그램의 운영은 한 번이면 끝날 업무를 수차례에 나눠 진행하게 했다. 교사들에게는 당연한 교육과정 운영이었겠으나 교육행정직원들은 불만일 수밖에 없었다. 교육행정직원들과 혁신학교 운영 철학을 공유하는 기회 부족은 필연적으로 '우리가 교사들 잡일이나 처리하는 조직인가!'라는 불만으로 이어졌다.

위와 같이 교육행정직이 감당해야 할 업무 대부분은 학교장의 재량에 따라 학교별로 다양한 형태로 실행되고 있다(관련법조항[18]). 이 과정에서 행정실

---

18) 전라북도립학교 사무분장 규정
　　제4조(행정조직 및 임무) ① 학교장(원장)은 법령이 정하는 바에 따라 학교의 행정사무와 그 밖에 사무를 처리하기 위하여 행정실을 둘 수 있다(전라북도조례 제4815호, 2020. 9. 25., 일부개정).

과 교무실 간 갈등의 골은 깊어진다. 공립학교 특성상 교사들과 행정직들은 일정한 시간이 지나면 이동해야 한다. 이 과정에서 학교별로 다른 업무 문화가 존재함으로 인해 마찰과 갈등이 심화되기 일쑤다.

교육행정직원들은 어느 학교에 가건 비슷한 일과 업무를 처리한다. 그러나 교사들은 부임하는 학교의 특성에 따라서 해마다 변하기 때문에 업무에 대한 히스토리나 타 학교 사례에 대해 깊게 알지 못한다. 교사들은 "우리의 일은 교육과정 운영인데 왜 행정업무를 하느냐"며 불만이고, 교육행정직원들은 "다른 학교에서는 이걸 교무실에서 하는데 왜 우리 학교에서는 행정실에서 하는가"에 대해 불만이다.

나는 교원과 교육행정직원의 근본적인 갈등 해결의 키워드로 '교육행정직원의 교육자로서 역할 인식'으로 보았다. 네 일 내 일을 구분하기보다는 '교육자로서 아이들을 위해 협업해야 한다'는 기본 전제 아래 뭔가 방법을 찾아가야 한다고 생각하고 여러 가지 정책을 도입하고 추진하였다.

제2절. 행정혁신 연구회의 시작과 성장

1. 행정직원 성장을 위한 노력

교육혁신과는 2014년부터 혁신학교 근무 교육행정직원을 대상으로 의견을 듣는 시간을 가졌고 드러난 문제 해결을 위해 다양한 시도를 했지만, 근본적인 문제해결 방안은 마련하지 못했다. 겉으로 드러난 표면적인 변화는 두드러지지 않았지만, 교육행정직원들도 혁신의 주체로서 긍정적인 변화를 주도하고자 하는 의지를 가지고 있음을 확인할 수 있었다.

교사들의 빠른 성장에 비해 다소 더뎌 보이는 교육행정직원 성장의 차이를 분석했다. 두 주체 대상 연수의 가장 큰 차이는 '자발성과 혁신의 주체로서의 자아 인식'이라는 판단이 들었다. 교사들의 경우 다양한 실험과 생각의 틀을 흔드는 워크숍 형식의 연수를 통해 자존감과 전문성이 강화되고 있었지만, 교육행정직원들은 계몽적 성격의 일회성 연수와 조직문화, 칸막이 업무수행 등으로 인해 제약이 많았다.

2. 계몽중심에서 실천중심의 성장으로: 퍼실리테이션과 함께한 성장

수평적인 문화가 강한 교원들과는 달리 직급에 따라 서열이 명확한 행정직 특성은 민주적인 협의 문화나 수평적 리더십의 적용을 어렵게 했다. 관료 조직 문화에 약간의 파장과 균열을 내는 것이 필요했다. '공동체를 유지하면서 민주적이고 수평적인 문화를 자연스럽게 익히는 방법'을 고민했고 '공동체와 네트워킹'이라는 교원 성장의 메커니즘을 차용했다.

혁신학교 담당교사들을 통해 학교에서 교원, 아이들과 소통하면서 적극적인 업무지원을 하는 교육행정직원을 섭외하기 시작했다. 행정과 회계에 매몰되지 않으면서 아이들을 함께 돌보는 인원을 추천받았고, 30여 명의 교육행정직원들을 대상으로 퍼실리테이션 기법을 적용한 소통 연수를 개최했다. 2박 3일 동안 연수를 통해서 참가자들은 상대방의 의견에 대해 경청하고 다양한 의견을 수렴하는 방법을 익혔다.

〈퍼실리테이션 연수 종료 후 피드백〉

- "생전 처음으로 이런 수평적인 회의와 연수를 가져본다."
- "학교에 돌아가서 행정실 직원들과 함께 이런 자리를 마련하겠다."
- "우리도 학교에서 아이들을 함께 돌보고 싶은 교육행정직이다."
- "우리 행정직들 모두에게 이런 연수의 기회가 있었으면 좋겠다."
- "여기서 이야기하는 것은 좋은데 학교에 가서 적용할 수 있을지는 미지수다."

연수가 진행되는 동안 진행자로서 참가자들의 반응을 유심히 살폈다. 사람마다 가진 고민과 지향이 비슷했고 그중에 생각과 실천의 깊이가 남다른 분들이 있었다. 연수가 끝나고 이분들과 함께 다음 단계의 연수를 기획하기 시작했다. 리더를 성장시키는 데 가장 좋은 방법은 리더로서 협의를 이끄는 경험을 제공하는 것임을 교육행정직원 연수에도 적용하고 혁신학교 교육행정직원 워크숍 분임별 멘토의 역할을 맡겼다.

3. 멘토로서 다양한 협의를 이끌어내다

사전협의를 통해 진행의 노하우를 쌓게 한 뒤, 2018년 9월 교육행정직원 워크숍을 진행하였다. 주제는 「토(吐) - 론(惀) - 의(議)」로 정했다. 퍼실리테이션 기법을 이용하여 충분하게 토론하는 것을 전제로 음차를 했으나 실제 한자의 뜻은 다르게 정했다.

토(吐)는 '토할 토'자를 사용했다. 마음속에 있던 생각과 하고 싶은 말들을 모두 토해내도록 해야만 했다. 컵 속에 들어있는 물을 모두 비워내야 새로운 물을 채울 수 있듯이 마음속에 들어있는 생각들을 모두 토해내야만 새로운 생각과 실천하려는 의지들이 자리잡을 수 있었다.

론(惀)은 '생각할 론'자를 사용했다. 익숙하지 않은 토론은 싸움으로 변질되기 쉽다. 그래서 연수하는 시간을 생각하는 시간으로 삼아 학교에서 자신의 역할과 상황을 생각하고 성찰하는 기회로 삼았으면 하는 바람이었다.

의(議)는 '의논할 의'자를 사용했다. 자신이 토해낸 수많은 생각을 나누고 그에 대해서 생각하고 어떻게 실천해나갈 것인가에 대해 의논해보는 시간을 가졌으면 좋겠다는 기획 의도가 숨어있었다.

4. 행정혁신 연구회를 발족하다

2018 혁신학교 교육행정직원 워크숍은 멘토강사들에게 큰 여운을 남겼다. 1박 2일 두 차례에 걸쳐 진행된 워크숍에 임하는 강사들의 얼굴에서는 당황하는 빛이 역력했다. 멘토강사들은 진행하는 중간중간에 모여 자체적으로 규칙을 다시 정하고 진행의 방법과 속도를 조절하며 워크숍을 이어갔다. 이러한 과정을 지켜보는 나는 워크숍의 성공을 확신했다. 저녁 늦게까지 함께하는 교

육행정직원들 모습은 더 큰 성장을 위한 새로운 꿈을 꿀 수 있게 했다.

워크숍 종료 후 멘토들끼리 모인 뒤풀이 자리에서는 지속적으로 행정혁신을 실천하고 멘토들을 성장시켜야 한다는 의견이 많았고 '(가칭) 행정혁신연구회' 발족으로 이어졌다.

행정혁신연구회 운영을 지원하면서 나에게 던진 가장 큰 질문은 '연구회 운영의 중요한 기제는 무엇이 되어야 하는가'였다. 이에 대한 답은 '실천, 학교 안에서 학교공동체와 함께 만들어가는 실천'이었다. 행정혁신연구회는 구성과 동시에 주기적으로 모여서 실천 결과를 공유하고 연수를 진행했다.

5. 연구회 활동, 전국으로 확대되다

전북에서의 교육행정직원 혁신 사례는 교육부 미래형 혁신학교 정책에 아이디어를 제공하였다. 2019년 5월에는 교육부주관 '전국 혁신학교 행정실장 연수'를 추진하였는데, 우리 전북 행정혁신 연구회 회원들이 분임별 멘토로 활동하였다. 1년이라는 짧은 시간 동안 몰라보게 성장한 연구회 회원들이 자랑스러운 순간이었다. 행정혁신연구회는 실천과 이론이 함께 가야 한다고 생각했다. 실천이 없는 혁신은 말의 잔치가 되기 쉽다. 그래서 학교에서 실천할 수 있는 것들을 공유하고 이를 학교에서 실천하고 그에 대한 성찰을 통해 성장하는 것을 기본으로 했다.

제3절. 교육자로서 교육행정직원

1. 가르치는 업무와 학교의 사무를 혼돈하지 말자

학교가 가진 가장 큰 목적은 '학생들의 성장'이다. 학생들의 성장은 교육과 정과 수업을 통해서 이루어져야 한다. 교사들은 교육과정을 세우고 수업과 평가를 통해 아이들을 성장시켜내야 하는 일(敎務)에 집중해야 한다. 교육과 정에 집중하기 위해서는 '가르치는 일을 돕는 일(業務)'에 매몰되어서는 안 된 다. 교육과정을 기획하는 시간으로 만드는 게 행정의 기능이다.

학교의 일, 즉 업무(校務)는 크게 '가르치는 일(敎務)'과 '행정적인 일(業務)'로 나뉜다. 행정실과 교무실의 마찰은 이 영역이 중첩되는 부분에 집중되어 있 다. 해석의 차이에서 생겨나는 일이다. 가르치는 일은 교육과정의 추진과 운 영에 관한 일이다(敎務). 학교 사무는 교육과정이 잘 운영될 수 있도록 지원 하는 일이다(業務). 예산에서 시작해서 각종 시설관리까지를 포괄한다. 학교 안에서 일어나는 모든 일 들이 교육과 관계된 것이기는 하나, 교사들이 '교육 과정으로 구현하지 않는 것은 대부분 학교의 사무'라고 해도 무방하다.

그런데, 학교가 감당할 수 있는 역할을 뛰어넘는 정부의 모호한 정책들이 학교로 쏟아져 들어온다. 학교 업무가 점점 늘어나고 교무와 사무가 서로의 영역을 침범하면서 문제가 발생하고 있다. 이의 해결을 위해서는 교무와 사무를 구분하여 사고하고 협업에 임해야 한다는 원칙을 가져야만 한다.

2. 교육행정직원은 교육자다

행정직들의 정식 명칭은 '지방교육행정직원'이다. 법적으로나 하는 행위로나 의심할 바 없이 교육자들이다. 교육자로서 행정을 지원하고 교육예산을 집행하는 것이 본분이다. 그런데 교사들의 눈에 비친 교육행정직원은 회계직에 다름 아니다. 최소한 학교에서 근무하는 동안이라도 교육자로서 역할을 하도록 지원하고 싶은 생각이 들었다.

교육의 영역을 함께한다는 것이 아이들과의 활동만을 말하는 것은 아니다. 교무협의나 워크숍 등을 통해 교사와 아이들의 상황을 듣고 그에 맞는 지원활동을 함께 기획하고 업무추진 방식을 전환하는 노력을 함께해야 함을 말한다. 예산과 시설을 관리하고 지원하는 일의 지향과 목적에 아이들이 있음을 이해해야 한다. 예산의 집행 과정에만 한정하여 사고하는 방식에서 벗어나야 한다. 함께 고민하는 시간이 부족하면 아이들이나 교사들의 상황을 잘 모르기 마련이다. 함께 협업하고 고민하는 과정이 필요한 이유다.

3. 교육행정직원을 교육자로 되돌려야 한다

학교에서 교무실과 행정실의 업무를 구분하는 기준은 크게 세 가지다. 하나는 교육청 부서가 교육국인지 행정국인지, 하나는 교육활동인지 아닌지, 또 다른 하나는 지금까지 어디에서 업무를 처리했는지(관행)이다. 업무를 누가 해야 하는지에 대해 싸우고만 있을 수 없다. 교원과 교육행정직원이 협업하면 이런 문제를 어렵지 않게 서로 양보하고 타협할 수 있다.

교원과 교육행정직원은 같은 공간에 근무하면서 같은 언어를 사용하지만 다른 세계에서 살고 있다. 이들을 같은 세계로 모으는 해법은 공통분모인 교육에 있다. 교육행정직원을 교육자로 되돌려 놓아야 한다. 교육청에서는 사업을 통해 학교를 지원하기보다 사람을 교육지원청과 학교에 배치해야 한다. 교원과 교육행정직원 어깨에 내려진 업무의 무게를 가볍게 할 실질적인 지원책이 필요하다.

교육행정직원들과 함께 실천을 주도하고 학교문화를 만들어가는 과정은 행정가로서 성장하는 시간이었지만, 끊임없이 밀려오는 문제와 해결의 반복에 지쳐갔다. 주체별로 너무 다른 생각과 철학을 가지고 있어 어떻게 풀어가야 할 것인지에 대해서 고민이 컸다. 교육행정직원도 아이들을 성장시키는 활동을 통해 교사들과 함께 성장해야 한다. 이 당연한 명제를 앞에 두고 우리는 지금 무엇을 하고 있는가?

4. 행정혁신! 반드시 풀어내야 할 과제

행정혁신의 과정에서 일부 혁신학교에 교무행정직원을 배치시켰다. 이분들이 교육자로서 교육행정직원의 업무 영역을 만들어내는 사례가 나오기를 바랐다. 어려움이 많았지만 제도 개선을 위해 노력하면서 깨달은 것은, 진보와 혁신은 현재의 제도를 변화시키는 과정과 지향이 선한 방향으로 한 걸음이라도 이동시키는 것이라는 것을…. 혁신의 방향이 최초 의도에서 조금 벗어난다고 해서 아예 시도조차 안 하는 것보다는 조금 우회하더라도 가고자 하는 방향을 지속해가는 것이 진보라는 생각이 확실해졌다. 그런 상황은 내가 살아있음을 느끼게 하는 시간이었다.

2023년의 한복판에 있는 지금, 함께했던 교육행정직원들의 실천은 어떻게 자리잡고 있을까? 한때의 유행으로 취급되지 않았을까? 수십 년 동안 정해져 있던 행정의 틀을 한두 해 만에 바꿀 수 없다. 지속적으로 사례를 만들어 내도록 독려하고 지원해야만 한다. 최소 10년은 실천하면서 사례를 만들어 내고 연구하면서 돌파구를 마련해야 하지 않을까?

단기간 운영하고 성과가 없고 부작용이 많다는 이유로 어렵게 만들어놓은 협상테이블을 엎어버리지 않기를 바라는 마음 간절하다. 배치된 주무관, 학교 교원들, 행정직원들 모두 마음을 모아 서로를 이해하고 새로운 협업의 영역을 찾아가는 사례가 만들어지기를 간절하게 바란다. 언제까지 싸우고 있을 것인가?

제6장. 교육정책과 정책연구,
정책을 지속하게 하는 것들

교사교육과정을 개발하는 것 또한 같은 과정을 밟았다. 일정한 틀에 의해서 정형화되는 교육과정 형식보다는 혁신학교에서 실천되고 있는 교사들의 유형을 분류해서 그에 맞도록 의미를 만들어주는 방향을 택했다. 교육청에서 방향성을 가지고 있으나 구체적인 방법까지는 지정하지 않고 학교 현장의 실천에서 답을 찾도록 하는 것이었다. 그것이 정책연구가 되어야 했다.

2022년, 교육감 선거 후 많은 지역에서 교육감이 교체되었다. 전북을 포함해서 많은 지역에서 다시 연구학교가 부활하고 있다는 소식이다. 정책을 지원하기 위한 연구는 반드시 필요하다. 연구와 함께 학교에서의 정착을 위한 연구학교 또한 필요하다.

— 본문 중에서

연구학교 부활과 가산점, 그리고 '승진 벼락거지'

얼마 전까지 부동산 가격 폭등 현상으로 인해 '벼락 거지'란 용어가 생겨났다. 실제로 거지가 되었다기보다는 상대적인 박탈감으로 인한 상실감을 은유적으로 표현한 말일 것이다. 내가 사는 집에서 행복감을 느끼고 안정적으로 살아가고 있는데, 어느 순간 상대적으로 자산이 줄어드는 경험을 하는 것이다. 실제로 나의 삶은 전혀 변화가 없다. 그저 행복의 기준이 내가 아니라 타인으로 바뀐 것이다.

사람은 누구나 살아가면서 성장하려는 욕구가 있다. 전문성이라는 내적 성장과 동시에 지위를 향한 외적인 성장 욕구도 강하다. 가장 이상적인 성장은 두 가지를 모두 함께 성취하는 것이지만 현실적으로 힘든 것이 사실이다. 학교에서는 아이들이 성장하는 것을 보면서 함께 성장하는 것만으로도 행복감을 느끼는 교사도 있고, 동시에 가르치는 보람과 외적인 승진을 함께 추구하는 교사도 있다. 누가 맞고 누가 틀리고의 문제가 아니다. 성장에 대한 방식과 철학이 다른 두 집단은 대립적인 집단이 아니다. 과거 학교의 문화에서 이들은 서로의 장점과 단점을 잘 극복하면서 성장해왔고 공동체를 이루며 살아왔다.

혁신정책 이전, 이명박 박근혜 정부는 교사들끼리의 경쟁을 통해 교육력을 신장하려는 정책을 추진했다. 교육의 성과를 가지고 서열화하고 비교하고 점수를 매기는 방식의 정책은 학교평가, 교원평가, 성과급이라는 정책으로 이어졌다. 당연히 학교공동체를 와해시키는 데 많은 영향을 미쳤다. 혁신정책은 이런 경쟁 중심의 정책이 가지는 부작용을 최소화하여 학교공동체를 회복하기 위해 매우 큰 에너지를 소비해야만 했다.

그중 하나가 연구학교 정책의 폐지였다. 연구학교에서 근무하면 가산점을 받는데, 이는 승진에 유리한 위치를 차지한다. 기존 연구학교가 어떤 방식으로 운영되었는지는 이미 다 알고 있는 사실이다. 전라북도교육청은 2010년을 기준으로 총 150여 개 정도의 연구학교를 운영했다. 전체 학교의 20퍼센트가 넘는 학교들이 연구학교와 시범학교를 운영하고 있었다. 시골 지역의 경우 두 학교 건너 하나씩 연구학교가 있던 시절이었으니 연구학교를 운영하지 못하는 관리자는 무능하다는 평가를 받기도 했다.

연구학교에 근무하는 교사와 비연구학교 교사 사이에는 묘한 경쟁의식이 있었다. 그래서 연구학교 유치를 위해 관리자들의 로비가 치열했다. 치열한 로비는 부패라는 부작용을 낳았다. 관리자의 로비를 위해서 교사들이 정성(?)을 모으는 해프닝도 빈번했다. 정성이 모였어도 인맥이 부족한 관리자는 연구학교를 가져올 수 없었다. 연구학교가 아닌 학교의 관리자와 교사들은 상대적으로 큰 부담감과 함께 박탈감을 가질 수밖에 없었다. 그래서 차기년도에 연구학교로의 전출을 모색하는 일이 다반사였고 연구학교로의 전출을 위한 점수모으기에 관심이 쏠리는 현상을 어렵지 않게 볼 수 있었다.

혁신정책을 추진하면서 연구학교의 역할은 혁신학교에서 담당했다. 혁신정책의 철학을 구현하기 위해 많은 정책이 혁신학교에서 실행되었고 일반화되었다. 민주적인 학교문화와 학습공동체를 통해 교사들의 성장을 도모함이 그것이다. 혁신학교에서는 교육의 본질을 추구하기 위해서 다양한 실험과 도전이 시도되었고, 이는 교육정책으로 만들어져 일반화되었다. Top-down 방식이 아닌 Bottom-up 방식의 정책 도입과 추진의 전형을 보여준 모델이었다. 혁신학교 선생님들은 대가를 바라지 않았다. 아이들을 위해 하고 싶은 일, 의미 있는 일을 한다는 것이 교사들에게는 최고의 칭찬이었고 인센티브였다. 혁신 담당 장학사로서 교사들의 헌신에 대해 인센티브를 제공하고 싶은 적이 많았다. 정책을 추진하는 사람으로서 인센티브 없는 정책추진은 쉽지 않다. 그래서 택한 방식이 정책을 만들어 그것을 학교에서 검증해내는 것이 아니라, 학교에서의 실천과정을 통해 자연스럽게 요구되는 것들을 체계화하고 정책화하는 것이 나의 일이라 생각했다.

교사교육과정을 개발하는 것 또한 같은 과정을 밟았다. 일정한 틀에 의해서 정형화되는 교육과정 형식보다는 혁신학교에서 실천하고 있는 교사들의 유형을 분류해서 그에 맞도록 의미를 만들어주는 방향을 택했다. 교육청에서 방향성을 가지고 있으나 구체적인 방법까지는 지정하지 않고 학교 현장의 실천에서 답을 찾도록 하는 것이었다. 그것이 정책연구가 되어야 했다.

2022년, 교육감 선거 후 많은 지역에서 교육감이 교체되었다. 전북을 포함해서 많은 지역에서 다시 연구학교가 부활하고 있다는 소식이다. 정책을 지원하기 위한 연구는 반드시 필요하다. 연구와 함께 학교에서의 정착을 위한 연구학교 또한 필요하다. 혁신정책 담당 장학사를 지낸 사람으로서 이를 바라보는 마음은 복잡하다. 학교의 관리자로서 연구학교의 부활을 바라보는 마음 또한 단순하지 않다. 학교를 정부 부처의 사업성과를 확인하는 곳으로 만들지 않았으면 하는 마음이 크다. 연구학교 담당교사로서 많은 보고서를 작성했으나 연구주제와 내용은 거의 기억나지 않는다.

혁신학교의 예에서 확인했듯이 연구학교를 지정하더라도 과한 지침이나 방법을 제시해서 학교의 교육과정을 저해하는 일은 없었으면 한다. 인센티브를 부여하는 방식에 대해서는 보다 전향적인 입장이었으면 한다. 승진점수는 가장 쉬운 방법이다. 연구학교라는 새로운 과제를 던졌으면 그에 상응하여 기존 과제를 덜어내거나, 행정을 전담할 인력을 지원함으로써 업무경감을 통해 연구의 질을 높여야 한다. 이게 진정한 인센티브가 되어야 하지 않을까? 그래야 연구주제에 맞게 실천도 지속될 수 있지 않을까? 혁신학교 정책을 통해 이런 방식의 연구학교 추진도 효과가 있음을 확인할 수 있었다.

정책추진의 종착지에는 교육적 성과가 있어야 하고, 과정에는 지속성을 이끌어내는 행정지원이 있어야 한다. 그렇게 만들어진 성과는 학교와 교육주체들의 선한 성장이어야 한다. 교사들에게 승진보다는 아이들과 상호작용을 통해 보람을 찾아가는 것이 정책추진의 시작과 끝이어야 한다. 기관이나 교육청의 목적에 맞게 학교를 이용하는 것보다 학교와 교사들의 실천 속에서 정책의 답을 찾아가고 미래를 제시해가는 방식의 정책연구와 연구학교 운영이 이루어지기를 바란다. 연구학교의 난립으로 인해 소박하기 살아가는 교사들이 '승진 벼락거지'라는 생각이 들지 않기를 간절하게 바란다.

나는 왜 혁신을 지속하는가?

학교와 교사들을 이익에 따라 이리저리 휘둘리는 집단으로 매도하는 사람들이 있다. 사회의 분위기도 있고, 경쟁을 통해 공동체를 해체하려는 의도를 가진 정책도 다시 나타나고 있다. 내가 만난 교사들은 개인의 이익 추구보다 공동선을 추구하는 사람이 훨씬 더 많았다. 대가 없이 아이들과 함께 하는 열정을 가진 교사들이 많았다.

교사 시절 나를 깨운 것은 현실에 대한 성찰과 질문이었지만, 그런 각성을 유지하고 지속성을 갖게 한 것은 함께한 동료들과의 관계성이었다. 그들은 눈앞의 작은 이익에 쉽게 휘둘리지 않았고, 몸이 부서져라 일했지만, 미소를 잃지 않았다. 이들이 만든 혁신의 역사와 실천이라는 자산은 나를 성장하게 했고 선순환을 위해서 끊임없이 노력하는 나의 에너지가 되었다.

혁신을 실천하면서 경험하는 자존감은 나에게 가늠할 수 없는 에너지를 제공했다. 외적 보상의 시스템으로는 도저히 상상할 수 없는 에너지였다. 주체가 되어 사는 삶을 살아보는 경험은 새로 태어남과 같았다. 교사로서 혁신의 문화를 온몸으로 받아들였고, 학교 동료들과 함께 실천했으며, 장학사로서 교사들의 성장을 위해 노력했다.

혁신의 과정을 통해 학교문화가 민주적으로 변했다. 교사들의 민주성에 대한 자각과 교육과정 속에서 민주주의를 구현해내려는 노력도 확대되고 있다. 그러나 교육 주체들은 자신이 속한 집단의 이익을 위해 힘겨루기에 집중하고 있어 보인다. 학교는 교육과정을 운영하는 곳이다. 교육과정은 교사들이 만들고 운영한다. 학교와 교육청은 교사들의 교육과정 운영을 위해 모든 역량을 집중해야 한다.

교사들도 이런 당위성을 잘 안다. 그런데 교육과정 운영을 위해 함께하는 사람들을 존중하고 협업하려는 자세가 있는지에 대해서 장담할 수 없다. 주어진 제도를 이용해서 개인적 이익을 추구하는 사람도 있다. 수업은 아이의 삶을 교육과정으로 편입시켜 아이와 함께 성장하기 위한 매개 수단이다. 따라서 '수업이라는 일'을 하기 위해서는 그것을 준비하는 시간이 필요하다.

민주성을 강조하는 구성원의 수업과 교실 문화속에서 구현되는 민주성은 무엇인가?

교실 민주화, 수업 민주화, 학교 민주화 등 민주화를 여기저기서 외치는 소리가 잦다. 교사들의 이야기를 듣지 않는다고 학교와 교육청에 불만인 교사들이 많다. 그들의 교실은, 그들의 수업과 교육과정은 민주성을 확보하고 있는가? 아이들에게 무엇을 어떻게 배울 것인지 묻고 함께 수업을 기획하는 교사는 많지 않다.

교육청과 관리자들에게 교사들의 소리를 들으라고 요구하는 목소리가 많다. 이런 목소리에 힘이 실리려면, 교사들도 아이들 소리를 듣고 아이 의견과 삶을 수업에 녹여내야 한다. '교사들은 교실에서 아이들의 소리를 들어야 하고 교육청(지원청)은 교사들과 학부모의 소리를 들어야 한다.'

교사 성장은 아이들의 성장에 직접적인 영향을 미친다. 그래서 교사 전문성이 필요하다. 전문성을 기르는 가장 효율적인 방법은 함께하는 것이다. 나의 부족한 부분을 타인의 생각과 경험으로 채워가는 것이다. '따로 또 같이' 자연스럽게 서로의 실천과 경험을 넘나들면서 성장해야 한다. 지속적인 성장의 경험으로 출근길이 즐거운 학교가 많아져야 한다. 그것이 혁신 교육 슬로건인 '가고 싶은 학교, 행복한 교육공동체'다.

이제는 학교에서 학교 교육 주체 모두와 함께 가고 싶은 학교, 행복한 학교와 교실을 만드는 데 주력해야 한다. 그것이 교사와 전문직으로서 성장한 나의 종착지가 되어야 함을 잊지 않는다.

나를 지탱해온 것들

오래된 숙제를 해낸 것 같다. 혁신담당 전문직으로서 생활하는 동안 하고 싶은 말이 참 많았다. 때로는 자랑스러움을 적극 표현하고 싶어도 하지 못했고, 억울함과 어이없음을 토로하려고 해도 제대로 할 수 없었다. 속으로 끙끙대며 때를 기다리는 시간이 계속되었다. 교감으로 발령받은 후에도 이런 갈증은 지속되었다. 어떻게든 벗어나고 싶었다. 마음 한구석에 쪼그리고 앉아 울고 있는 또 다른 나의 어린 자아를 보았다. 이 아이를 밝은 곳에서 웃게 하고 싶었다. 그리고 용기를 냈다.

기록은 나를 지탱해 준 버팀목이었다. 여기저기에 소소하게 남긴 글들이 산재해 있었다. 블로그, 밴드, 페이스북, 업무수첩과 메모장 등…, 하나씩 정리하며 나의 실천을 더듬어갔다. 기록을 바탕으로 기억을 떠올리며 정리하는 시간 동안 함께한 수많은 교사와 교장·교감선생님들 그리고 장학사들이 떠올랐다. 많이 울고 웃었다. 그들은 나를 울게 했고 함박웃음을 짓게도 했다. 가슴을 치며 분노를 삼키던 때도 있었다.

학교는 사회의 작은 축소판이기도 하고 다양한 사람들이 다양한 일을 하면서 살아가는 공동체다. 이런 다양함 속에서도 한가지 잃지 않아야 할 것은 아이들의 성장이다. 아이들을 중심에 둔 학교 운영이 학교가 가진 최고 목적이어야 한다. 아이들의 성장을 통해 구성원들의 자아가 실현되어야 하고 직무만족도가 향상되어야 한다.

수업과 교육과정은 아이들의 성장을 위한 최선의 도구다. **아이들의 성장**은 교사들의 수업과 교육과정 역량에 따라 달라지는데, 이를 교육과정 전문성이라 한다. 전문성은 교사들의 교육과정과 수업 집중도에 따라 결정되는데, 이를 학교의 교육력이라고 한다. 학교 교육력 신장을 위해서는 교사들이 심리적 안정이 필요하다. 심리적 안정을 위해서는 학부모 민원이나 학폭 사안으로부터 자유로워야 한다. 전문성을 신장하기 위해 가르치는 행위를 성찰하고 변화를 두려워하지 않아야 한다. 교사들의 심리적 안정과 전문성의 신장이 '학교교육'이라는 수레의 두 바퀴가 되어야 한다.

관리자의 성장도 뒤따라야 한다. 나의 전문직 생활은 교사들의 성장에 집중되어 있었으나. 관리자들의 부담을 줄이고 직무 효능감을 향상시키는 것 또한 함께하고자 했다. 관리자의 직무효능감과 리더십이 교사들에게 미치는 영향이 매우 크기 때문이었다. 교사들의 성장은 관리자들의 성장과도 직결된다. 교사가 성장하려면 허용적이고 도전적인 학교 분위기가 형성되어야 하는데, 이를 주도하는 것은 관리자의 리더십이다.

리더십은 타고나는 것이 아니다. 리더십을 갖추는 일은 연습이 필요하다. 판단(결정)을 하는 연습, 협업하고 토론을 진행하는 연습, 자신을 내려놓고 구성원들의 의견을 수렴하는 연습은 관리자로서 갖춰야 할 필요충분조건이다. 리더십의 연습에는 '교사'라는 파트너가 필요하다. 학교 운영 파트너로서 교사들의 연습과 성장도 함께해야 리더십을 갖춘 교사, 관리자가 된다.

나는 '장학'이라는 행위의 지향을 학교(관리자, 교사)의 성장에 두었고, 이는 전문직 6년 동안 내 삶과 직무수행의 거울로 삼았다. 많은 교사가 저마다 꿈과 철학을 가지고 전문직에 도전하지만, 그 꿈을 이루는 사람은 많지 않다. 전문직의 업무가 과중하기도 하고 기존의 관행을 쉽게 깨트리지 못하는 행정의 관성이 크게 작용하기 때문이다.

이제 홀가분하다. 하고 싶은 말을 다 쏟아냈다. 무자비하게 쏟아낸 글은 책장의 한 줄을 가득 채울 만큼 쌓였다. 모든 글을 다 활자화할 수는 없지만 치열했던 과정을 기록으로 간직하고 싶었다. 화려한 성과보다 작지만 선생님들과 함께한 의미있는 기록 중심으로 기억을 더듬어가며 씨줄과 날줄을 엮어 보았다.

기록을 정리하면서 확실해지는 것이 있다. 관성과 관행에 안주하지 않도록 일깨운 것은 실천하는 교사들의 열정이었음을 확인했다. 쉼 없이 실천하는 교사들, 주위의 시선이나 비판에도 아랑곳하지 않고 묵묵하게 실험하고 함께하는 그들의 노력이 장학사로서 진정성있게 직무를 수행하도록 도왔고 내적 성찰과 성장을 지속하게 해준 힘의 원천이었다.

이런 실천과 기록이 가능했던 것은, 한 명의 아이도 뒤처지지 않도록 보듬어 안으려는 공공성과 혁신교육 철학이 나를 지탱하고 있었음을 고백한다.

장학사, 현장 교사로서의 고민과 실천

— 박병춘(전주교대 총장)

교육대학에서 20여 년 동안 교수로 지내면서 내가 지도한 많은 학생이 초등학교 교사로 활동하고 있다. 학교 현장을 방문하여 제자들의 교육에 대한 열정과 고민, 활동들에 대해 들으면서 대학이 초등학교 교육 현장과 연계성을 더 강화하고, 학교 현장에 있는 교사들의 목소리를 더 반영할 필요가 있다는 생각을 갖게 되었다. 이에 대해 저자는 현장교사와 장학사로 활동한 경험을 바탕으로 좋은 대안을 제시해 주고 있다.

이 책은 전북교육 발전을 위해 현장교사와 교수와의 협업, 대학과 학교 현장 간의 협업이 전제되어야 한다는 관점에서 저자가 오랫동안 실천해 온 구체적인 사례와 성과를 잘 보여주고 있다. 그 대표적인 사례가 교수와 현장교사가 공동연구를 통해 만들어낸 혁신교육과정이다. 이를 통해 교수들은 학교에서 운영되고 있는 교육과정과 수업에 더 깊은 관심을 가지게 되었고, 교사들은 교육과정에 대한 이론적 토대를 강화할 수 있었다. 이것은 교육청 및 일선 초등학교와 교육대학이 협업과 연대를 강화하여 실질적인 교육적 성과를 거둘 수 있는 모범적인 사례로 볼 수 있다.

특히 주목할 만한 것은 상향식 정책수립과 추진의 과정에 대한 실천의 경험이다. 저자는 교육청에서 정한 정책을 강요하거나 일방적으로 추진하지 않았다. 정책에 대해서 이해하고 이를 지역과 교사들의 현실에 맞게 재창조하는 방식을 취했다. 나아가 국가 정책의 의제를 변화시키는 데 큰 영향을 미치고 있음을 알 수 있다.

이 책을 읽으면서 저자의 꼼꼼한 기록에 감탄했고, 그 기록 속에 담긴 전북 교육에 대한 뜨거운 열정, 그리고 모교와 후배교사들을 사랑하는 마음을 확인할 수 있었다. 장학사, 현장 교사로서의 고민과 실천 경험을 잘 접목한 이 책을 교직에 뜻을 둔 예비교사, 교육 현장에서 교육과 연구에 종사하고 있는 교사와 교수, 연구자 등 우리나라 교육에 관심을 갖고 있는 모든 이들에게 추천한다.

교육정책은 어떻게 만들고 가꿔야 하는가
— 오재길(경기도교육청 4·16민주시민교육원 교육연수부장)

이 책은 오재승 선생님의 '교육정책 고군분투기'다. 오랜 세월 남긴 기록들을 모아서 압축한 글이다. 압축한 글을 원래 시점과 배경으로 되살려가며 읽었다. 평소 전북교육에 관심이 많았기 때문에 가능했다. 프롤로그에서 예감했지만, 읽는 내내 선생님의 고된 단내와 땀내가 훅 들어온다. 그의 표현을 빌리면 '애간장 녹는 일이며 심리적 탈진'이다.

한편, 이 책은 '고해상도 교육정책 현장설명서'다. 교육정책은 사전 정지작업은 물론이고 기획, 실행, 홍보, 공감 조성, 평가, 보완 조정 등이 포함된 종합예술이다. 다양한 맥락과 힘에 따라 형성된 긴장과 모순의 복합체다. 교육정책의 속성이 단순하지 않을수록 교육정책의 가장 기초인 ABC를 잘 지켜야 한다. 교육정책의 기본은 무엇보다 학생과 현장을 놓치지 말아야 한다.

내 눈에 번쩍 들어오는 대목이 있다. '강의 없는 연수, 강사 없는 연수, 평가 없는 연수, 시종시간 없는 연수' 얼마나 멋진가! 참으로 매력적인 연수 기획이다.

이 책은 교육정책을 심기만 할 뿐 가꾸지 않는 우리의 상황에서, 교육정책을 어떻게 만들고 가꿔야 하는지를 잘 보여준다. 교육정책을 다루는 사람들이 흔히 범하는 우는 전지적 시점에서 교육정책을 만드는 것이다. 좋은 정책을 만들려면 탁월함보다는 겸손함과 예민함이 더 중요할지도 모른다. 희망

컨대, 교육정책이 약자들과 서글픈 사람들의 소리 없는 울음소리를 듣고 조응하면 좋겠다. 김다슬의 『기분을 관리하면 인생이 관리된다』는 수필집에 이런 글이 나온다.

나무를 보지 말고 숲을 보라는데
정말로 숲을 보는 것은
나무 하나하나를 숲만큼 보는 거다.

오재승 선생님은 '신기하게 글을 쓸수록 복잡하던 머릿속은 명료해졌다'라고 고백한다. 맞는 말이다. 프란시스 베이컨이 말하길 '독서는 충실한 인간을 만들고, 글쓰기는 정확한 인간을 만든다'라고 했다.

흔히들 가르치는 것은 두 번 배우는 것이라고 한다. 어쩌면 기록하는 것은 두 번 경험하는 것이지 싶다. 오재승 선생님은 깨알 기록을 책으로 엮어내며 '홀가분'하다고 한다. 평소 '속 후련한 삶'을 지향하는 나로서는 오재승 선생님의 용기가 부럽기도 하고 부끄럽기도 하다. 책 발간을 진심으로 축하드린다.

전북 혁신교육 10년을 꿰뚫는

— **정성식**(실천교육교사모임 고문, 『교육과정에 돌직구를 던져라』 저자)

저자와 나는 동년배로 같은 대학을 나왔다. 혁신교육의 바람이 불기 시작하던 무렵, 혁신학교 연수 자리에서 저자를 처음 만나 학교 이야기를 나누었다. 나는 익산에서, 저자는 부안에서 교육과 희망을 이야기하며 관심을 갖기 시작했는데 이후 페이스북에 올라오는 저자의 글을 읽으며 점점 관심이 커져갔다.

몇 년 후, 교육전문직 시험장에서 저자를 다시 만났다. 혁신교육을 해나가려면 교육청에서 그 일을 감당할만한 사람이 필요했고, 기꺼이 그 일을 맡아서 해야겠다고 생각하는 지원 동기도 같았다. 저자는 합격하여 장학사의 길을 가기 시작했고, 나는 낙방하여 늘 어제와 같은 오늘을 살았다. 팔자에 없는 책 『교육과정에 돌직구를 던져라』를 쓴 것도 그 무렵이었다. 저자는 지역 교사들의 책모임에 나를 초대했다. 모임이 끝나고 저자와 따로 이야기를 나누었다. 나는 초보 장학사로 살아가는 저자의 이야기에, 저자는 책을 출간하고 학습연구년을 보내는 내 이야기에 공감했다. 나는 페이스북에 올린 저자의 글을 보며 많은 도움을 받았는데 장학사가 되었어도 그 글을 계속 써달라는 부탁을 했다. 교사로 있을 때 비판적인 글을 잘 쓰던 사람이 전직이나 승진으로 자리를 옮기면 글쓰기를 접는 것이 안타까웠고, 혁신교육을 위해서 장학사의 시각도 필요하니 반드시 써달라는 압력에 가까운 당부를 했다. 고맙게도 저자는 내 부탁을 들어주었다. 장학사로 살아가며 느끼는 소회를 열심히 기록했고, 가끔 페이스북에 올리곤 했다. 감추고 감내하는 것이 아니라 드러내어 화두를 던지는 용기가 참 고마웠다. 저자는 혁신학교 교사, 교육지원청 장학사, 도교육청 장학사로, 교감으로 치열하게 살면서 자신의 삶을 한결같이 기록했다. 그 절정을 이 책으로 만날 수 있다. 혁신교육 10년의 역사라 해도 과언이 아니다.

"책을 쓰려면 어떻게 해야 하나요?"

가끔 내게 이렇게 묻는 사람이 있다. 그때면 내 경험에 비추어 '책이 될만한 삶을 먼저 살려고 한다'는 말로 대답하곤 한다. 이 책을 읽으며 다시 그 말을 곱씹는다. 저자 오재승은 그때나 지금이나 그가 있던 곳은 늘 아이들 곁이다. 그래서 나는 그가 어느 자리에 있든 그를 이렇게 부른다.

오재승 선생님!

당신을 알게 되어 기쁘오. 매순간 치열하고 재미있고 의미있게 살아가는 것도 만만치 않은데 그 삶을 기록해서 이렇게 책으로 나눠주어 고맙소. 그대가 보여준 삶을 보고 내가 느낀 것처럼 이 책은 많은 사람이 다시 또 한 발을 내딛게 하는 힘이 되어줄 것이오. 그러니 우리도 흔들림 없이 그 길을 꿋꿋하게 걸어갑시다. 고맙고 애쓰셨소. 깊이 읽었으니 두루 나누며 실천으로 보답하리다.

혁신교육, 미래교육에 대한 새로운 통찰

— 이동성(전주교대 교수)

    교직이론 수업에서 학교현장의 생생한 이야기를 가미할 때면, 수업을 대하는 학생들의 자세와 눈빛이 바뀐다. 그래서 초등교원양성기관에서 교직이론 과목을 가르치고 있는 나는 학교현장에 대한 목마름을 안고 살아가고 있다. 이 책의 저자(오재승 선생님)는 나에게 이러한 현장을 향한 목마름을 해소시켜 주는 오아시스와도 같은 존재이다. 그를 만나 학교교육이나 교육정책에 대한 진솔한 대화를 나누다 보면, 어느새 나는 학교현장의 구성원이 될 수 있다. 이토록 고마운 오재승 선생님이 전라북도의 교육혁신에 대한 책을 써서 반갑고, 그러한 책을 독자들에게 추천할 수 있어서 기쁘다. 이 책은 여느 책과 다른 교육적 진정성과 진실성을 갖고 있다고 생각한다. 교사교육자인 내가 오재승 선생님의 책을 읽고서 교육적 진정성과 진실성을 느낀 이유는 다음과 같다.

    첫째, 이 책은 교육실천을 기반으로 하는 상향식 교육정책의 기획, 수립, 시행, 평가라는 일련의 과정을 내부적 관점에서 조명하였다. 기존 교육정책은 정부나 상급 교육기관의 정책기조에 따라 하향식으로 결정되는 측면이 강했다. 하지만 오재승 선생님은 교사에서 장학사 그리고 장학사에서 교감으로 이행하는 여정 속에서 실천 기반 교육정책의 새로운 가능성을 열어주었다. 따라서 이 책은 자치와 분권 시대에 조응하는 상향식 교육정책의 기획,

수립, 시행 방법의 단초를 제공했다고 볼 수 있다.

둘째, 이 책은 관-학(官-學) 기반 협력적 교육거버넌스의 발전을 위한 실천적 및 정책적 지식을 제공하고 있다. 저자는 단위학교, 지역교육청, 도교육청에 근무하면서 단위학교와 교육청 그리고 교원양성기관 사이의 연계를 위해 무던히 노력하였다. 특히, 그는 교원양성기관의 교사교육자들과 현장교사들이 유기적으로 협력할 수 있는 교육정책과 제도를 마련함으로써 교사교육의 현장연계성과 현장적합성을 제고하였고, 현장연구의 정교화와 체계화에 기여하였다. 이 책은 협력적 교육거버넌스를 바탕으로 교육실천 속에서 교육이론을 생성하는 정책적 토대를 마련하는 데 기여할 것이다.

셋째, 이 책은 혁신교육 혹은 미래교육에 대한 개인적 내러티브를 통해 지역교육청과 도교육청 장학사의 교육적 기능과 역할에 대한 새로운 패러다임을 제시하고 있다. 이 책을 읽다 보면, 교육청의 장학사는 관료제에 기초한 경직된 조직의 일개 구성원이 아니라, 교육현실을 이해하고 개선하기 위해 고군분투하는 존재였다. 독자들은 이 책을 통해 특정한 교육정책이 누구에 의해, 어떻게 만들어지며, 그러한 교육정책이 학교현장에 어떻게 전달되고 수용되는지를 이해할 수 있을 것이다.

넷째, 이 책은 오재승 선생님의 혁신교육 정책에 대한 꼼꼼한 기록이자 성찰의 집합체이다. 특히, 이 책은 전라북도 혁신교육을 이끌었던 한 내부자의 입장에서 전라북도 혁신교육 정책의 공과(功過)를 솔직담백하게 이야기하였다. 독자들은 이 책을 통해 교육청에 근무했던 한 장학사의 교육적 반성과 성찰을 들여다봄으로써 혁신교육이나 미래교육에 대한 새로운 통찰을 얻을 수 있을 것이다. 즉, 그의 이야기는 혁신교육과 미래교육이라는 대립적 시각을 극복하고, 교육정책의 지속가능한 발전을 도모하며, 학생들의 교육적 성장과 발달을 촉진하는 교육정책을 모색하는 데 통찰을 제공할 것이다.

교육실천가의 성찰과 성장
— 박일관(『혁신학교 2.0』 저자)

"기억은 기록을 이기지 못한다."

참으로 맞는 말이다. 이 책은 교육지원청과 도교육청 장학사를 두루 거친 한 실천가의 진심을 다한 삶의 기록이자 전라북도 혁신학교 정책의 역사 기록이기도 하다. 이 책을 관통하는 키워드는 성찰과 성장이다. 지금 교육전문직원이거나 앞으로 되고자 하는 이들에게 일독을 권하고 싶다.

길을 만드는 사람
— 이영환(전주교대부설초 교장)

"우선 각 학교를 돌아다니면서 같은 길로는 반복해서 다니지 않았다. 처음 보는 길을 찾아서 다녔고 그러다 보니 마을 깊숙하게 들어갔다가 유턴해서 나오는 경우도 많았다."

그는 고창교육을 사랑했고, 고창에 대해 알게 되었으며, 고창교육이 나아갈 길을 보았다. 신규교사의 못자리인 고창교육이 달리 보이기 시작했다. 어쩌면 그는 태어나면서부터 새로운 길을 만나면 기어이 그 길을 가봐야만 직성이 풀리는 유전자를 갖고 태어났는지도 모르겠다. 이런 그의 유전자적 기질은 새로운 길을 내는 일이 두려움보다는 더 큰 설렘으로 다가왔을 것이다. 오늘도 그는 머물러 있기를 거부하고 꾸준히 꿈틀거리고 있다.

실천하고 기록, 성찰하고 성장하는

— 임미성(이리모현초 교장)

　장학사는 무엇으로 사는가? 장학사의 삶은 어떻게 정책이 되는가? 라는 질문에 이 책은 해답이 될 수 있다. 오재승 장학사를 떠올리면 실천, 기록, 성찰, 성장이라는 네 가지 키워드가 함께 생각난다. 교사로 사는 삶과 장학사의 삶은 같다. 학생의 성장을 직접 돕는지 간접적으로 돕는지의 차이가 있을 뿐이다. 장학사의 삶은 어떤 면에서는 교사와 전혀 다른 삶이기도 하다. 교육을 둘러싼 수많은 관계자들의 무수한 담론과 논쟁을 넘어 눈앞에 보이지 않는 학생을 성장시키기 위해 선생님과 학교를 무한 지원해야 하는 극한 직업이기도 하다.

　내가 교육과정 업무를 맡았을 때 각기 다른 과에서 일하고 있었지만 오 장학사의 앞선 생각과 폭넓은 생각을 듣고 협의하는 과정에서 오 장학사를 존경하는 마음이 커졌다. 현장의 실천을 정책화하는 상향식 교육과정 운동의 정수, 교사교육과정과 학교교과목은 2022 개정교육과정의 학교자율시간으로 당당하게 적용되었다. 우리가 교육과정 운동의 결과를 받아 깁고 더하여 전라북도 초등학교 교육과정 총론으로 고시할 수 있었던 것은 그때 거기에서 실천하고 기록한, 지금 여기의 삶을 성찰하고 성장해가는 오 장학사 덕분이다.

기록하는 삶, 교육과 행정 전문가 성장기
— 홍인재(전주신동초 교장, 『읽고 쓰지 못하는 아이들』 저자)

이 책의 시작은 기록이다. 저자는 현장의 교사로, 고창교육지원청 장학사로, 전라북도교육청 혁신담당 장학사로 사는 동안 순간 순간을 기록하고, 기록을 바탕으로 연구하고 실천하면서 교육과 행정 전문가로 거듭날 수 있었다.

이 책은 저자가 장학사로 살아가는 동안 어려움에 직면하여 심리적으로 흔들릴 때마다 기록을 어떻게 활용했는지를 볼 수 있는 책으로, 현장으로 찾아가 선생님들로부터 듣고, 협의하고, 그 내용을 바탕으로 대안을 제시하면서 학교와 교육청을 바꾸어나간 기록이 생생하다. 전국의 장학사들에게 읽기를 권해본다.